百年影像

王亚男 编著

民用航空

典藏版 Dian Cang Ban

北京航空航天大学出版社
BEIHANG UNIVERSITY PRESS

图书在版编目（ＣＩＰ）数据

百年影像．民用航空／王亚男编著．-- 北京：北京航空航天大学出版社，2019.3
ISBN 978-7-5124-2846-1

Ⅰ.①百… Ⅱ.①王… Ⅲ.①民用航空－产业发展－图集 Ⅳ.① F562.9-64

中国版本图书馆 CIP 数据核字（2018）第 293615 号

百年影像 民用航空

策　　划：中国航空学会
出版统筹：邓永标
责任编辑：曲建文　舒　心
责任印制：马文敏
装帧设计：闫　妍
出版发行：北京航空航天大学出版社
地　　址：北京市海淀区学院路 37 号（100191）
电　　话：010 – 82317023（编辑室）　010 – 82317024（发行部）　010 – 82316936（邮购部）
网　　址：http://www.buaapress.com.cn
读者信箱：bhxszx @163.com
印　　刷：天津画中画印刷有限公司
开　　本：787 毫米 ×1092 毫米 1/16
印　　张：20.5
字　　数：356 千字
版　　次：2019 年 3 月第 1 版
印　　次：2019 年 3 月第 1 次印刷
定　　价：158.00 元

平凡的英雄

《百年影像》是一套能让所有航空爱好者心灵震撼的书，也是一套让所有关注航空历史的人眼前一亮的书。编辑出版这套书，反映了一位航空科普专家与众不同的独特眼光和敬业精神。在此书刊印前，我有幸读了本书初稿，顿时为王亚男十几年如一日辛勤耕耘的敬业精神所深深感动。任何伟大事业都需要英雄的呵护，而真正可贵的是出自平凡生活中的英雄。王亚男正是这样一位难能可贵的平凡英雄。

王亚男是作为一名自学成长的航空知识人才被引进到《航空知识》杂志社工作的。到杂志社任编辑后，他始终保持着孜孜不倦、努力探索、精益求精的做学问风格，直到现在担任《航空知识》主编，成为国内知名航空科普专家。他告诉我，许多《航空知识》的读者都曾表示，他们并不乐于阅读大篇幅的专著；相反，他们似乎普遍对影像绘画更感兴趣。正因如此，王亚男特别注意坚持收集、整理和研究各类航空影像资料，一做就是十几年，迄今早已洋洋大观。

从本书不难看出，王亚男汇集的资料十分珍贵，其中许多在国内前所未见。他把这些影像遴选出来，编纂在一起，再把影像中的信息及其历史背景详加解读，成为一部生动感人的航空历史画卷。通过它可以浏览航空百年历史，让栩栩如生的历史影像重新鲜活起来。它既是用影像表达的百年航空史，也是一部内容丰富、别具一格的航空科技教科书。

建国之初，航空老前辈徐舜寿先生在带领航空科研团队时，用一句脍炙人口的名言告诫年轻科研人员：熟读唐诗三百首，不会作诗也会吟。他希望航空科技工作者了解航空发展史，筑牢做好航空业务的基础。从那时到现在，历史又走过了半个世纪。不仅航空人需要了解航空历史，在航空已成为人们生活重要组成部分的今天，了解航空往昔岁月，更是越来越多人的需要。而本书正是满足这种需要的不可多得的好书。

　　用影像传播知识，正逐步成为一种主要的文化手段。实际上，王亚男谈到的人们更为偏好影像的现象，是一个重要的科学问题。我在研究自然信息（主体信息）时认为，人类所接受的各种信息中，能够有效地保存下来的是影像信息，其留存时间之久，传播效率之高，远远超乎我们的想象。影像比抽象的文字更容易直抵人们的心灵，被人们获取和记忆。王亚男编写的这本书，极大地丰富和拓展了人们了解世界百年航空史的渠道，而这是一种可敬的平凡英雄行为！为此，我们应该对王亚男表示深深的敬意，感谢他为丰富航空历史文化做出的重要贡献！

　　相信本书会受到所有爱好者的欢迎并珍藏！

中国航空学会理事长

2018 年 12 月 20 日

影像让历史纤毫毕现

　　自从喜欢上旧照，就渐渐觉得那些对于历史的描述文字，在信息含量和细微程度上常常不及照片。如今人们常常说"有图有真相"，此话确有一定道理。虽然现代图形处理技术能够生成各种吊诡的图片，令人难辨真伪，但是在100多年直至数十年前，那些光线穿越镜头在胶片上刻录的影像，仍然具有十足的真实张力。

　　和文字比起来，照片的温度更容易被直观地感知。当年那些摄影师们按下各种型号照相机的快门时，自己也许并不清楚，他们拍下的照片，将成为某一重要历史时刻或历史事件为数不多的影像见证之一。仔细审视这些照片，我们会感叹于胶片里那些丰富到令人屏息的细节。波纹铝的瓦楞状起伏，沉头铆钉的排布位置，皮革风帽的接缝搭扣，飞行夹克的面料剪裁，甚至到迫降事故中机身破损的形式，全都深藏在光影之下。这些细节往往是文字无法或者极难准确描述的。那些黑白旧照，从未因色彩的单一而失去细节的纤毫。

　　不知道从什么时候起，开始喜欢像侦探一样从旧照中探查历史的面貌。许多散佚在世界各地的旧照，由于来源复杂和年代久远而轶散了原始信息，有时为了一张照片的细节考据，可能要经历数月甚至更长时间的煎熬。柳暗花明，常常是研读大量文献，外加多方请教之后才可能出现的结果。这种期许极富诱惑——史书上用一大段文字描述而你却捉摸不定的史实，可能会因为在档案馆偶然翻检的一张旧照变得豁然开朗。一些数十年前或百年前的旧闻往事，可能正史上只有寥寥数语，而今你却可以对着一张清晰到衣褶的旧照，撰写出数千言的评析小品。这，就是影像迷人的魅惑所在。

　　民用航空，更多的是属于百姓们的航空。静下心来，从影像维度游历百年，体会飞行从奢华出游到平民旅行的世纪沧桑。

王瑞男

2018年12月

目录
CONTENT

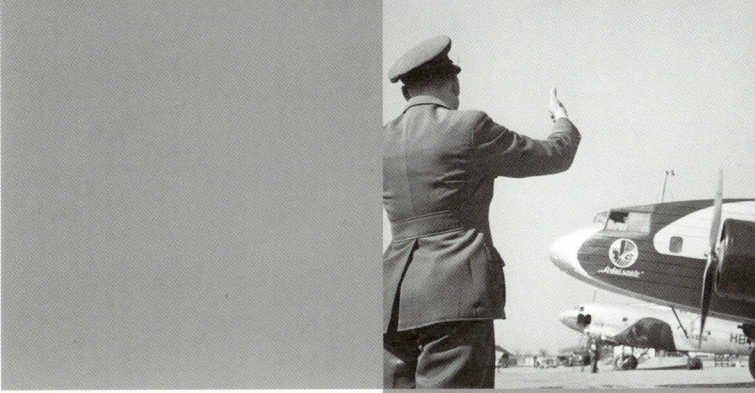

1 萌芽时代

18 世纪英国著名讽刺画家詹姆斯·吉尔雷（James Gillray，1757 ~ 1815）的作品，题为《乾隆皇帝凝视下的英国》。这幅作品描绘的是 1793 年 9 月 14 日，马戛尔尼使团在避暑山庄觐见乾隆皇帝的情景。画面上，英使马戛尔尼以觐见英王之单膝下跪礼朝见乾隆，而后面的随从则全部叩拜，这显然是作者的讽刺之举。英使对面，乾隆及一班文武侧目睥睨，高傲异常。细观此画，马戛尔尼带给乾隆的各色贺礼中，除了风帆战舰模型、马车模型之外，还赫然出现了一具热气球——当时气球在西方发明仅仅十年，是最新的科技成果。作品上表现的似乎是氢气球，但马戛尔尼在回忆作品中曾明确记载他带给乾隆皇帝的是一具可以载人飞行的热气球。只可惜这些包括航空科技成就在内的礼品，均被清廷视为奇技淫巧。英使为皇帝陛下演放气球和燧发枪的要求被拒（马戛尔尼回忆说是大学士和　拒绝了这些要求），开埠通商以及派驻大使等请求也未获准。中国再次错过了与西方的交流缓冲期。40 多年后的鸦片战争中，马戛尔尼向乾隆展示的战舰冲破了中国海疆，而在 100 多年后的八国联军侵华战争中，马戛尔尼带来的气球则作为侵略者的览胜工具，升起在北京城上。

1793
乾隆皇帝
凝视下的英国

the Diplomatique & his Suite, at the Court of Pekin.

Pub.d Sept.r 14.th 1792. by H.Humphrey. N.18. Old Bond Street.

Lord Macartney

By permission of the Patentees, this Engraving of
THE FIRST CARRIAGE, THE "ARIEL",
is respectfully inscribed to the Directors of The Aerial Transit Company,
BY THEIR OBEDIENT SERVANTS, Ackermann & Co.

1842
蒸汽飞车

1842 年，英国工程师威廉姆·萨缪尔·亨森（William Samuel Henson）和约翰·斯特林费罗（John Stringfellow）为他们设计的蒸汽飞车（Aerial Carriage）申请了专利，这是一台翼展 46 米、重 1400 千克的庞大飞行器。蒸汽飞车需要一条向下倾斜的滑道来起飞。发明者希望它可以载运 10-12 名乘客，以每小时 80 千米的速度连续飞上 1600 千米。与它的体量相比，作为动力的那台 50 马力（36.75 千瓦）蒸汽机显然是匹驽马，不可能拉着这辆大车飞上天，蒸汽飞车自然也就没能走下绘图板。然而，从包括这张 1843 年英国插画在内的诸多印刷品上，人们第一次看到了未来飞机可能会是什么样子：它依靠螺旋桨产生推力，具有主翼和尾翼，起落架则是呈三角形布置的三个轮子。当时人们看到这样的设计，可能更多地把它当作幻想作品，不会有太多人想到，就在 60 年后的 1903 年，莱特兄弟就打破了许多哲学家和神学家的断言，用一次成功的动力可控飞行告诉世界，人类依靠自己的智慧，能够驾驭比空气更重的飞行器。

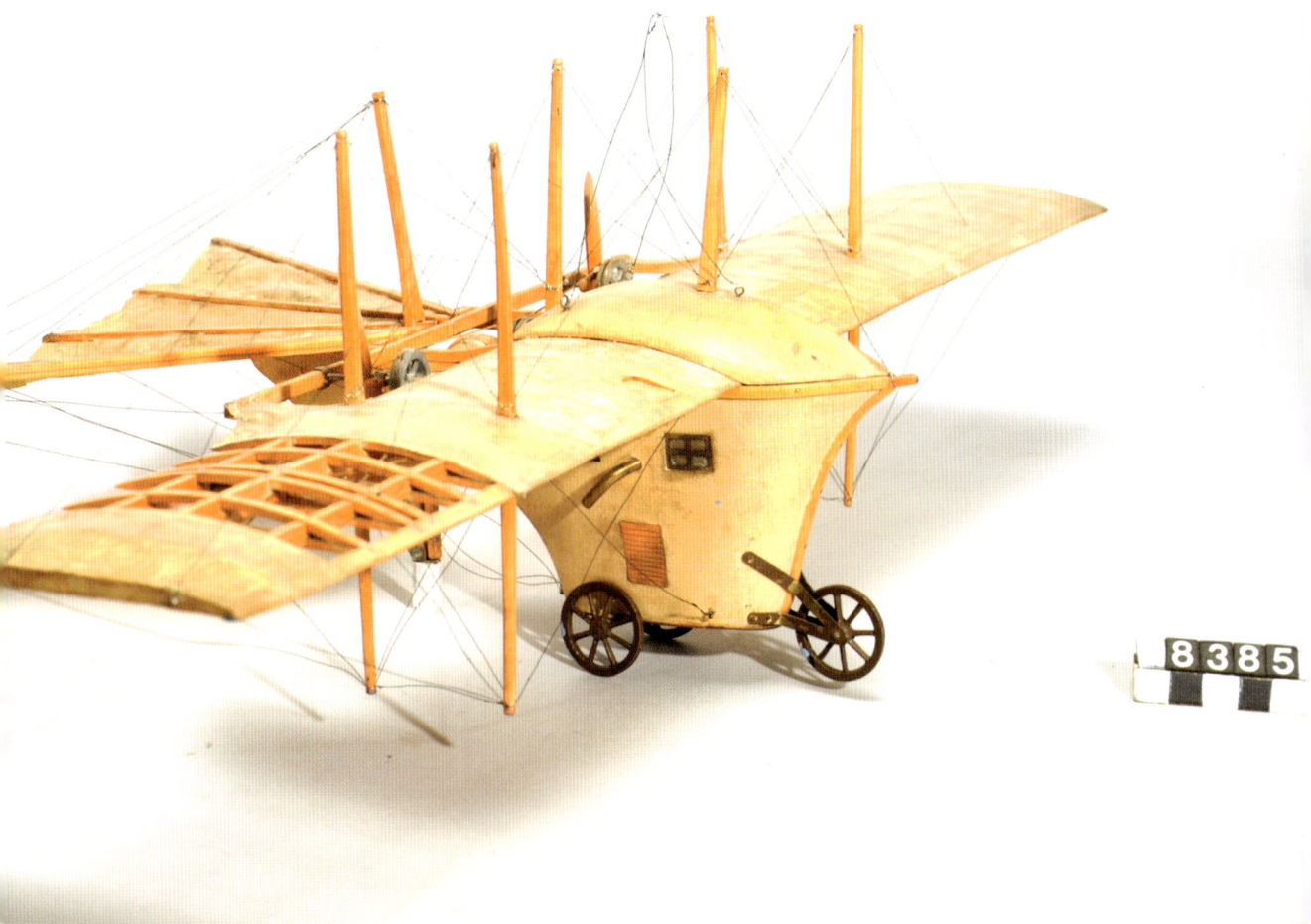

PREMIER AÉROSTAT ÉLECTRIQUE A HÉLICE

Expérimenté par MM. ALBERT et GASTON TISSANDIER

Le Lundi 8 Octobre 1883

La nacelle et le moteur, photographiés à terre.

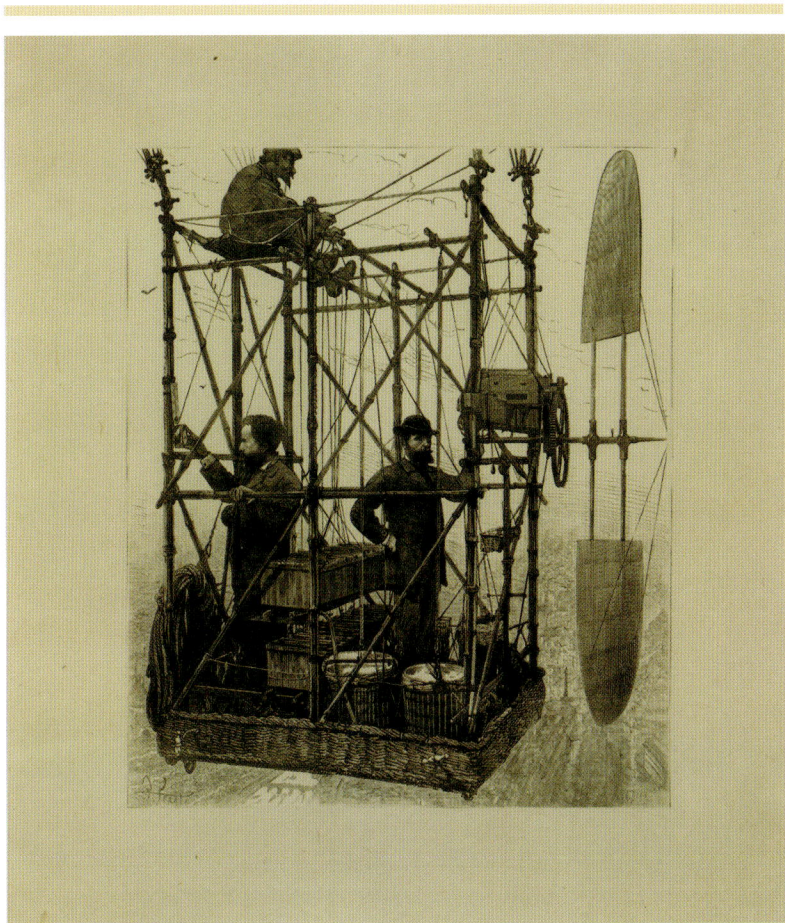

1883
蒂桑迪埃兄弟和他们的电动飞艇

航空科技发展史上的兄弟真多。除了举世闻名的莱特兄弟，还有瓦赞兄弟、蒙哥斐尔兄弟和李林塔尔兄弟。这里我们再来介绍两位兄弟——蒂桑迪埃兄弟。左侧照片上，阿尔伯特·蒂桑迪埃（Albert Tissandier/左）和加斯顿·蒂桑迪埃（Gaston Tissandier /右）两兄弟坐在飞艇吊篮里。这张照片的拍摄时间应该是 1883 年：那一年两兄弟在一具飞艇下方安装了一台西门子电动机和电池组，利用电动机驱动螺旋桨产生推力，从而制造出有史以来第一具电动飞艇。两兄弟中加斯顿的名头不少：法国著名化学家、测绘学家、飞行家兼编辑。事实上他从事飞行的原始动机来自于测绘的需要。早在 1868 年他就希望从加莱横渡英吉利海峡，然而他乘坐的气球被强风吹了回来。1870 年 9 月普法战争巴黎围城时期，加斯顿乘坐气球成功离开巴黎。1875 年 4 月他和两名乘客乘坐气球升高到8600 米的纪录高度，结果两位乘客均因为缺氧窒息而亡；加斯顿虽然侥幸生还，但是却从此失聪。1873 年加斯顿创立了一本科学周刊并亲自编辑，他为期刊起的名字后来享誉全世界——《自然》（*La Nature*）。

1893
被屋檐挽留的气球

1893 年 7 月 8 日，飞行员里昂·马利（Léon Mary）从荷兰阿姆斯特丹勤民宫（Palace of Volksvlijt）花园里驾驶一具氢气球徐徐升空。这具气球有一个十分贵族的名字——"威廉敏娜王后陛下"（Queen Wilhelmina）。在下方数百名观众的屏息注视下，著名摄影师雅各布·奥利（Jacob Olie）按下快门，记录下这重要的一刻。幸福时光总是不能持久，这次飞行很快随着意外的发生而陷入一场尴尬——气球吊篮里的锚（当时气球为了能够系留，从轮船那里借用了船锚）突然脱落，先是挂住了架空电话线，接着又钩住了附近房屋的檐头。原本让人神往的气球一时间被挂住动弹不得，最终还是警察和不少围观群众爬上屋顶，才算把"船长"和乘客们解救下来。

1902
"帕克斯" 悲剧

1902 年 5 月 12 日早上 5 点刚过,法国巴黎沃日拉尔(Vaugirard)。一具半硬式飞艇"帕克斯"号(Pax)飘然升空。飞艇里坐着两个人,一位叫奥古斯托 · 塞韦罗 · 德 · 阿尔布开克 · 马兰霍(Augusto Severo de Albuquerque Maranhao),38 岁,巴西国会议员,也是一位著名的飞行家;另一位是他的助手兼工程师,25 岁的乔治 · 赛谢伊(Georges Sache)。"帕克斯"是塞韦罗亲自主持设计的新型飞艇,也是他的第二艘飞艇;8 年前的 1894 年,塞韦罗曾在家乡巴西建造过一艘更大的飞艇——"巴特罗缪 · 德 · 古斯茂"号(Bartolomeu de Gusmao),但那艘飞艇后来被大风摧毁。

"帕克斯"长约 30 米,直径 12.4 米,采用由龙骨和大梁构成的典型半硬式结构。飞艇的气囊面料是丝织品,内部采用竹子制作的骨架,这样气囊具有一定的刚度。"帕克斯"气囊内可以容纳 2330 立方米氢气,飞艇下吊有一个乘员舱。塞韦罗最初打算用电动机和电池来驱动"帕克斯",然而由于资金和时间有限,他最终选择使用内燃机。"帕克斯"安装了两台布歇特活塞发动机,飞艇前后各一台。前面的一台功率为 16 马力,驱动一副 5 米直径的两叶拉进式螺旋桨,后面的一台功率为 24 马力,驱动一副直径 6 米的两叶推进螺旋桨。两副螺旋桨一个拉一个推,就能让飞艇在空中前进。

"帕克斯"具有区别于当时许多飞艇的创新性特征。它的乘员舱不是用绳索吊挂在气囊下方,而是用竹子结构与气囊进行刚性连接。这些竹结构延伸到气囊内部,从前到后构成了一个秋千式的悬挂系统,这样就防止了乘员舱的摆振,飞艇也就能飞得更稳定。

这一天是"帕克斯"的首次飞行。塞韦罗和助手启动了发动机,操控飞艇开始上升。开始几分钟,一切似乎都很完美。发动机发出愉快的轰鸣,飞艇缓缓上升,沿着既定航线前行。地面上不少自行车和汽车都跟着飞艇的方向疾驰。突然大风把它吹得偏离了航向,飞行员努力试图让"帕克斯"保持航向。接着塞韦罗开始抛掉飞艇上的压载物,这一做法显然大错特错。飞艇继续升高到大约 600 米高度,一台发动机突然冒出了火舌,接着巨大的丝绸氢气囊被跃动的火焰所包围!飞艇随后爆炸起火,在人们惊恐的目光中跌落地面。等到人们奔向飞艇残骸,发现塞韦罗和赛谢伊都已丧生。塞韦罗的怀表停在 5 点 40 分。

巴西航空先驱桑托斯 · 杜蒙对这次事故表示震惊之余,对媒体透露,塞韦罗对飞艇了解得实在太少,操控经验严重不足,很容易造成危险。其中最为明显的失误是在飞艇上升过程中抛掉压载物。此外,"帕克斯"的气囊放气阀距离发动机仅两米多,随着飞艇上升,环境压力降低,飞艇气囊会膨胀,内部气体会通过放气阀门排出,这样就很容易接触发动机产生的火花甚至火焰,极易造成火灾甚至爆炸。如果排气阀门不能正常工作,那么气囊也可能爆裂,大量氢气会立即产生大火。

1907
中国大使与美国气球

这张照片拍摄于 1907 年 2 月 23 日，地点是美国华盛顿特区的汽灯公司广场。画面里，一群人簇拥着一只巨大的气球，意气风发地等待摄影师按动快门。这只气球叫"美利坚"号（America），此刻正在当地公开展出。气球的所有者兼飞行员，便是站在吊篮里高居人上的那位戴礼帽男士——美国著名飞行家詹姆斯·科姆利·麦考伊（James Comly McCoy）——美国最早赴法国学习气球驾驶的人之一，1908 年 8 月 11 日成为美国首位获得国际航空联合会（FAI）颁发的航空 B 类执照的人，1911 年成为美国陆军航空学校校长。

画面左起第二人，就是穿着华贵毛领大衣的人，叫查尔斯·德福莱斯特·钱德勒（Charles deforest Chandler），美国著名军事飞行员，也是美国信号部队航空分队的首任指挥官。他是首位从飞机上射击轻机枪的人。在钱德勒左侧拎手提箱的微胖绅士同样大名鼎鼎，他是阿兰·霍利（Alan R. Hawley），美国早期飞行家。1910 年他驾驶"美利坚 II"号气球赢得全国飞行比赛冠军。从 1913 年至 1918 年，他还担任美国航空俱乐部主席。

在吊篮吊索支撑环左侧，被遮住半个下巴的戴平顶帽者叫利奥·史蒂文斯（Leo Stevens），美国早期气球飞行家：1889 年 12 岁时就乘坐气球，20 岁就制造气球和飞艇。1909 年他开办了美国首个私人机场。

气球吊索支撑环下方右侧留胡子那位是阿古斯塔斯·波斯特（Augustus Post），美国早期飞行家兼作家，担任美国航空俱乐部秘书长 20 年之久。正是因为他的文字宣传，从纽约到巴黎的单人不着陆飞行大奖赛才声名鹊起，吸引无数飞行达人加入，查尔斯·林德伯格（Charles Lindbergh）在 1927 年成为最终的赢家。

右数第二人，就是拿手杖那位，叫查尔斯·弗林特（Charles R. Flint），他是美国计算—制表—记录公司的创立者，这家公司可能没几个人知道，但它后来发展的企业绝对是世界级巨头——IBM。弗林特尤其钟情航空。莱特兄弟向海外销售的首批飞机，就是经过他的公司达成的。

说了这么多名人，现在该来说说各位一定最为关注的那位，就是画面中间位置那位头戴瓜皮圆帽着披风的中国人，他是当时清政府派驻美国的公使梁诚（1864—1917），在他前方侧面一身西式打扮的男孩，是他的儿子。梁诚原名梁丕旭，号震东，广东番禺县人。1875 年未满 12 岁即考取第四批留美学生，1881 年回国，在总理衙门供职，期间曾随张荫桓公使赴美，任使馆参赞，从此开始外交官生涯。1903 年至 1908 年间，梁诚以三品卿衔任中国驻美大使，并代表中国出访美洲多个国家。在驻美大使任上，梁诚最卓有成效的一项外交工作，便是抓住美国政府就"庚子赔款"索赔数额核实之机，利用索赔数额虚高的事实，通过各种机会在美国政界游说，最终说动美国政府做出决定，退还虚高的部分款项，为中国争回了部分权益。而这批巨额退款，在他的建议之下，被用在兴办教育和外派留学生上。著名的清华大学就是利用"庚子赔款"退款所建。在"庚子赔款"奖学金资助下，许多中国青年学生踏上了赴美求学之路。

1907

雷诺和豆娘

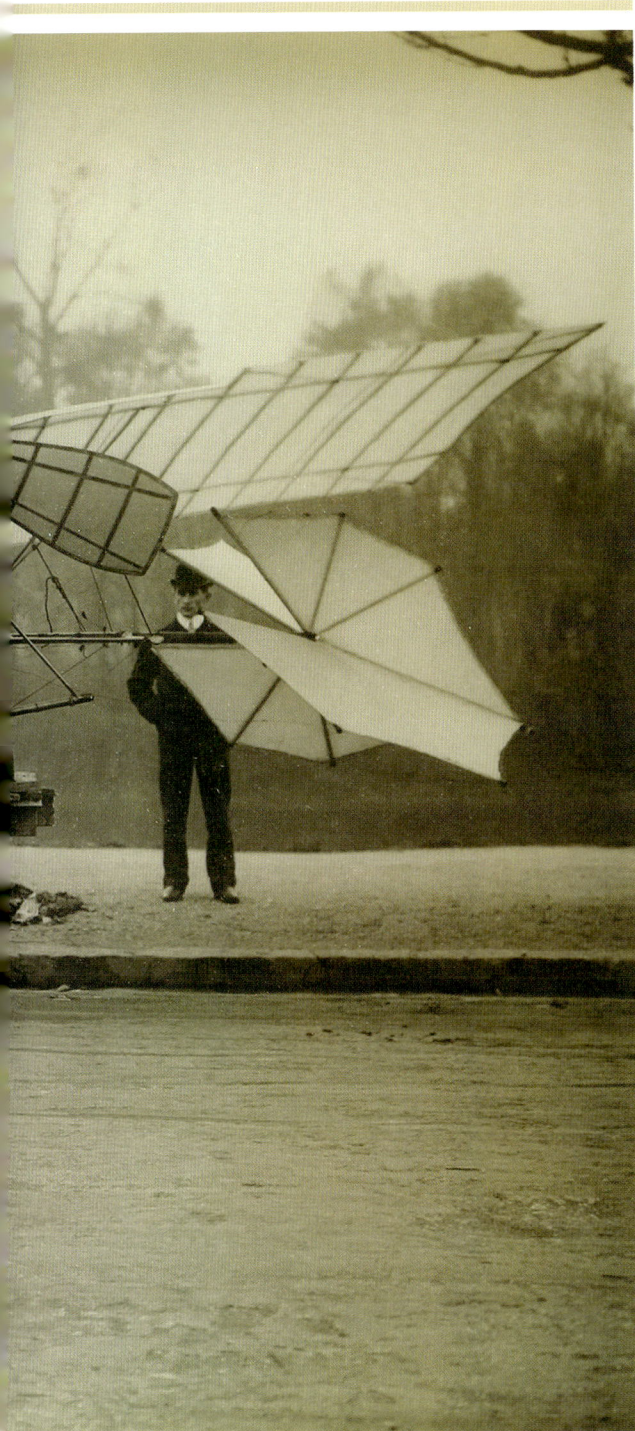

　　1891 年桑托斯 - 杜蒙的父亲坠马瘫痪，他卖掉种植园移民欧洲治病。在巴黎，年幼的桑托斯被当时欧洲飞行风潮所感染，开始结交气球飞行员准备乘气球升空。那时候气球载客观光飞行是相当赚钱的买卖，2 小时飞行价格为 1200 法郎，其中还不包括气球损坏和运输的附加费用。面对如此高价，桑托斯也没有退缩（当然他家境富有也是事实），他说"花上 1200 法郎在下午观光飞行能让我发现此事究竟是好是坏。如果糟糕，这笔钱就算白花；如果美妙，我希望再次飞行，那是我过去不曾领略的经历"。首次飞行后，他买了一辆标致汽车，此后经常乘坐该车，在回国时也不忘把这辆标致运回巴西。这组拍摄于 1907 年的照片上，桑托斯 - 杜蒙驾驶私车，驮运自己设计制造的最后一款飞机 No.19"豆娘"行驶在巴黎街头。杜蒙作为欧洲飞机第一人的身份，以及他那架轻盈漂亮的"豆娘"，引起了行人极大关注。杜蒙这辆轿车显然是特制的改装车，后部的座椅被拆掉，安装了一个可以驮运飞机的大型加长托盘。从汽车的造型看，这并不是标致，但同样是法国货——雷诺 1905-1906 年出品的 AG1。这种车当年可是实打实的奢侈品，在流水线作业出现之前，最便宜的雷诺轿车也要 3000 法郎，相当于普通法国工人 10 年的收入。而杜蒙这辆雷诺既然是定制改装车，价格可能更贵。杜蒙的家族咖啡种植园背景，以及他作为航空达人崇高的声望，使得这笔钱对他来讲构不成什么问题。

1907
飞艇竞技中的鲍德温上校

1907年10月23日，一艘飞艇从密苏里圣路易斯森林公园缓缓升起，驾驶飞艇的人是汤姆·鲍德温（Tom Baldwin）上校，此刻他正在参加国际航空锦标赛中的飞艇竞技项目。这艘被称作"新加利福尼亚之箭"（New California Arrow）的飞艇很有特点：拉进式螺旋桨位于吊架前端，而硕大的矩形方向舵则位于艇尾。

Baldwin's Airship

ZERBE AEROPLANE

1908
斯劳六翼机

　　这款样式离奇的飞机是动力航空出现初期涌现的各种创新设计之一，它的设计者是詹姆斯·斯劳·泽布（James Slough Zerbe），时间是 1908 年。由于当时飞机使用的活塞发动机功率较小，人们通过增加机翼层数来提高升力——这架飞机拥有 6 层阶梯状相互叠压的机翼，机翼下方是机体框架，飞行员的座椅就设在框架上。飞机的推进装置是由一台活塞发动机驱动的拉进式两叶螺旋桨。遗憾的是，这架飞机的试验资料没能保留到今天，但是根据照片上飞机的布局，以及缺少副翼等操纵面的事实，相信这架飞机应该飞不起来；即便飞上了天，也是无法控制的，可能会以失控坠地收场。

1908
第一次致命飞机空难

莱特兄弟 1903 年成功发明飞机之后的 5 年，也就是 1908 年 9 月 17 日，奥维尔·莱特驾驶飞机再次创下了一个"世界第一"——人类历史上第一次飞机的致命空难。当天下午 5 时，在弗吉尼亚迈尔斯堡（Fort Myers），奥维尔·莱特驾驶一架"飞行者"飞机为美国陆军进行演示飞行，飞机上除了驾驶员奥维尔·莱特，还搭载了一名乘客——26 岁的美国陆军中尉托马斯·赛尔弗里奇（Thomas E. Selfridge），他是美国陆军中积极的航空推动者。奥维尔驾机升空后，以 50 米高度在 2000 名观众上空兜了三圈，但随后就听到了某种震动声。奥维尔回头去看，没发现异常。奥维尔明白这声音不正常，他考虑关闭发动机，滑翔着陆。然而就在他采取措施前，突然传来两声巨响，整架飞机都震动起来，有些东西飞了出去（事后查明是螺旋桨）。飞机顷刻间转向并纵向操纵失灵，奥

维尔关闭了发动机，试图重新控制飞机，但飞机左右急转了两次后便一头撞向地面。猛烈的撞击中，奥维尔左腿骨折，断了几根肋骨，头上划出几条口子，还有多处擦伤，但神智还算清醒。而机上的唯一乘客赛尔弗里奇就没这么幸运了，由于头部受创，颅骨严重骨折，被营救出来时早已昏迷不醒，送往医院抢救无效死亡。由此赛尔弗里奇成为人类历史上第一位在飞机空难中丧生的乘客。这次事件发生后，美国陆军责成对事故原因进行调查。这次调查在今天看来是不合规矩的：首先，调查的直接执行者是本次飞行的飞行员奥维尔·莱特；而且他没有飞行驾照——那年头还没有颁发驾照；此外，"飞行者"也没有适航认证——那年头适航审定的概念还没诞生。经过调查，奥维尔发现事故的直接原因是螺旋桨上出现了应力裂纹，最终导致螺旋桨断裂。

I drammi dell'aria: Orville Wright e il tenente americano Selfridge precipitano con l'aeroplano da trenta metri d'altezza.

1908 年意大利米兰《星期天信使报》上刊发的表现这次致命坠机的彩色版画。

1909
瓦赞拿大顶

　　1909 年 8 月 22 日到 29 日，法国香槟地区的美丽小城兰斯（Reims）举办了世界首次国际航空展览会，史称兰斯航空大会。这次大会设置了总额 20 万法郎的奖金，鼓励各位飞行者参加各类航空竞赛。比赛很热闹，事故自然也不可避免。这张照片就记录了这次兰斯航空大会上珍贵的一幕：路易斯·布雷盖（Louis Breguet）驾驶的瓦赞 1909 型竞赛双翼机（参赛号 19）在比赛过程中不幸倾覆，来了个肚皮朝天。

1909

"阿维翁"Ⅲ

在 1909 年 9 月 25 日—10 月 17 日法国巴黎大皇宫举办的国际航空展览会（也就是后来蜚声世界的巴黎航展）上，工人们正在搬运一件史诗级展品：法国航空先驱克莱门特·阿代尔（Clément Ader）的早期飞机"阿维翁"III（Avion III）。照片中是飞机的发动机和机体部分，两翼和蒙布还没有安装。"阿维翁"III 完成于 1897 年，法国战争部为此提供了经费。与阿代尔更早的单发设计不同，"阿维翁"III 采用两台以酒精为燃料的蒸汽机，驱动两副螺旋桨，没有方向控制手段。在 1897 年 10 月的测试中，"阿维翁"III 沿着圆形轨道滑跑，10 月 14 日试图升空，但记录显示没能成功。虽然阿代尔晚年一直宣称"阿维翁"III 曾离地飞行 100 米，但那次测试的结果是法国军方决定取消赞助。阿代尔的飞机没有成功，但他在早期动力飞机领域的开拓性尝试为他赢得了敬仰，"阿维翁"也从此成为法语中对于重于空气飞行器的特定称谓。1938 年法国发行了阿代尔纪念邮票。如今空中客车集团位于图卢兹的一处装配厂区就被冠以阿代尔之名。今天"阿维翁"III 保存在巴黎工艺与艺术博物馆，在 20 世纪 80 年代接受过全面修复。**（图片来源 美国国会图书馆）**

1909
布莱里奥 XI

    这架布莱里奥 XI 型飞机，在 1909 年巴黎航展上被置于展厅中央最为显赫的位置。如此陈设的原因十分明显——就在当年 7 月 25 日，路易斯·布莱里奥（Louis Blériot）驾驶这架飞机成功飞过了英吉利海峡。这也是人类历史上飞机第一次飞越英吉利海峡。

1910
客轮上的起飞场

BAIN NEWS SERVICE.

这张照片拍摄的是美国"宾夕法尼亚"号客轮后部，时间是 1910 年下半年某个时候。照片上的工作人员们正在客轮后部搭建一段木制飞行甲板。甲板上已经停放了一架柯蒂斯双翼机。柯蒂斯一直谋求实现从水面船舶上起飞，在这段甲板铺设完成后，柯蒂斯聘请的飞行员麦克科迪打算从这里驾机起飞。遗憾的是，由于一只随意放在机翼上的润滑油桶落下打坏了螺旋桨，试验被迫取消。后来又经过重新调整和准备，1910 年 11 月 14 日，另一名飞行员尤金·伊利驾驶柯蒂斯双翼机从"伯明翰"号巡洋舰临时铺设的飞行甲板上成功起飞。那次飞行标志着航母纪元的大幕拉开。

1910
从巴黎航展
二楼看下去

在 1910 年 10 月 15 日—11 月 2 日的巴黎航展上，一位摄影师把照相机架在二楼平台拍下了这张展厅全景。前景右侧是一架莱特双翼机，该机旁边的铭牌上写着"拥有全部世界纪录的莱特飞机"。背景左侧是布莱里奥 IX 型单翼机。中央悬挂的是一架安托瓦内特 VII（Antoinette VII）型单翼机。在远处二楼平台上，还陈列着一架由瓦赞·法莱雷斯（Voisin Frères）制造的亨利·法尔曼 N° I 双翼机。

1910
福克斯的单轨飞车

在沃尔特·迪士尼把制片公司设在伯班克市并琢磨建造迪士尼主题公园之前，另一个未来主义者就开始在伯班克"大兴土木"：他在自己遍布杏树和胡桃树的果园里开辟出了一块狭长的空地，在这里兴建一组实验性的航空动力推进单轨列车——"天燕"（Aerial Swallow）。这位充满想象力的大胆工程师叫约瑟夫·福克斯（Joseph Fawkes）。

自 1870 年以来，毗邻伯班克的洛杉矶就开始试验各种可以让市民快速在这座日益扩张的城市里实现交通便利的新技术。起初的构想是公交车，其次是马拉客车、缆车，最后是电动厢车。福克斯认为自己构想的单轨飞车是真正有希望的城市快速交通解决方案。他设计的单轨飞车悬挂在架在高空的钢轨之上，采用陀螺保持平衡，使用空气螺旋桨作为驱动动力。这样的轨道飞车可以在城市上空以每小时 150 英里（240 公里）的速度穿行，不必考虑对公路的影响，也不必修建昂贵的桥梁。

1910 年，福克斯和妻子艾玛（Emma）申请了轨道飞车的三项专利。为了验证自己的技术，福克斯在自己的农场里建造了一段 840 英尺（约 256 米）长的架空轨道和一辆样车。这辆轨道飞车样车外形如同一枚修长的鱼雷，使用一台直列 4 缸发动机驱动一副两叶螺旋桨作为推进动力，让人不禁想起儒勒·凡尔纳笔下的奇妙机械。

从 1910 年到 1912 年，尽管当时不少人把"天燕"称作"福克斯的蠢物"（Fawkes' Folly），还是有许多好奇的市民慕名而来，登上"天燕"车厢，在福克斯的庄园里体验一次轨道飞车的愉快之旅。

当时，太平洋电气公司要求伯班克市政厅出资 4 万美元修建通往洛杉矶市区的轨道，福克斯提议用这笔钱修建连接洛杉矶城区和郊区的悬空单轨。经过讨论，当局最终决定接受太平洋电气公司的条件，没有采纳福克斯的意见。结果福克斯的"天燕"验证轨道样车只能遗留在农庄里，任凭锈迹逐渐斑驳。即使没有获得最终成功，创新者的开拓性思维不会被人遗忘，这些保存在加利福尼亚历史研究会的照片和档案便是明证。

1911
安托瓦内的
飞行木桶

这张照片拍摄于法国莫尔穆隆大区（Mourmelon-
le-Grande），摄影师按下快门的时间，应该是 1911 年。
一名学员在安托瓦内特飞行学校（Antoinette Piloting
School/École de Pilotage Antoinette）使用一台飞
行模拟器进行训练。以今天的标准衡量，这台模拟器实
在简陋，飞行员座椅下半部几乎就是一个改造过的啤酒
桶——这也让它获得了一个十分形象的绰号"训练木桶"
（Tonneau d'apprentissage）。通过转动双手握持的"方
向盘"带动线缆，学员可以模拟飞机的俯仰和滚转动作。
不过从平衡性设计角度评价，这台"训练木桶"实在不够好，
很有可能会失去平衡，让飞行员从半空跌落来个倒栽葱。
尽管如此，这张照片及其记录的模拟器都极为珍贵，这是
世界上最早的飞行训练模拟器，也反映了早在人类发明飞
机的年代，飞行员们就已经开始通过使用地面模拟训练方
式来掌握空中飞行技巧，减少在高空犯下低级错误的可能
性。附带提醒一下，照片左侧背景的机库大门上方能清楚
看到安托瓦内特（Antoinette）字样，机库里还能看到一
架安托瓦内特单翼机。

1911
"豆娘"倾覆

　　考虑到拍摄年份和当时的摄影器材，这张照片的确非常珍贵。摄影师用自己的快门记录了 1911 年一次坠机的发生瞬间——刚刚坠落触地的飞机开始向前翻转倾覆，飞机的尾部高高竖起直指蓝天。这一幕发生在美国得克萨斯州埃尔帕索（El Paso）。另一部分历史价值来自这张照片记录的这架飞机，它是巴西航空先驱桑托斯·杜蒙在 1907 年左右研制的新款轻型飞机"豆娘"——这曾是世界上最早量产的畅销飞机。之所以说"豆娘"具有广泛的群众基础，是因为杜蒙慷慨地把该机的设计图纸刊登在报纸上，供所有的航空爱好者共享使用，而且无需支付任何授权费。

1912
昆比飞越英吉利海峡

　　这张照片拍摄于 100 多年前的 1912 年。画面上这位美女飞行员叫作哈利特·昆比（Harriet Quimby），她在 1911 年 8 月 1 日拿到了美国航空俱乐部签发的飞行员驾照，这可是整个美利坚合众国派发给女性的第一本驾照。拿到驾照不满一年，昆比就做了件大事儿：在 1912 年 4 月 16 日驾驶一架布莱里奥 XI 飞机从英国多佛出发飞越了英吉利海峡，成为历史上第一个完成此事的女性。这张照片记录的正是她成功飞越英吉利海峡后的喜悦时刻。此后，应美国饮品公司温菲茨（Vin Fiz）之邀，昆比曾担任公司葡萄苏打饮料代言人。她那一袭紫色飞行服的翩翩倩影频频现身各种广告招贴，成为美国社会的时尚标签。1912 年 7 月 1 日，昆比驾驶一架布莱里奥飞机飞行时，飞机在 300 米高度突然俯冲坠毁，昆比不幸遇难。昆比的一生只有短短 37 岁，但这位美女的一生，全都是堪称辉煌的空中生涯。

印有昆比一袭紫衣美艳形象的彩色招贴。

1912
"科迪" 与酋长

这是一张拍摄于 1912 年的照片。照片上，英国航空先驱、飞行家萨缪尔·富兰克林·科迪（Samuel Franklin Cody）坐在自己设计制造的"科迪"Mk II 双翼机驾驶座上，后座上坐着一位印第安酋长。自 1899 年从美国迁居英国后，科迪先是在演艺事业中获得了巨大成功，他的"狂野西部"巡回舞台剧以精湛的枪法和骑术表演为他赚取了丰厚报酬，这也成为他投身飞行事业的资金来源。他身后那位酋长，很有可能就是"狂野西部"舞台剧的演员。事实上，科迪的确曾搭载印第安人尝试飞行，但当他启动发动机时，印第安人被发动机的噪声吓坏了，试图跳机逃走，结果掉进了旁边的河沟。

这架飞机是科迪在 1910 年制造的，最初使用两台 60 马力发动机驱动一副螺旋桨，但由于发动机协调性差，功率输出始终不理想。后来换上了一台 120 马力发动机，性能才得到提升。科迪曾用这架飞机夺得了自己首个米其林杯，但该机在 1912 年 4 月 5 日失事损毁。（*图片来源英国帝国战争博物馆*）

1912
飞艇掠过雷蒙德酒店

1912 年，美国著名气球飞行员罗伊·纳本舒伊（Roy Knabenshue）驾驶飞艇飞行在加利福尼亚州帕萨迪纳（Pasadena）雷蒙德酒店上空。这次飞行吸引了无数人的关注，当浑圆优雅的飞艇缓缓划过天际，许多年轻人的创造热情也被吸引到了天空。这些年轻人中，有一位叫格伦·柯蒂斯（Glenn Curtiss），这位优秀的工程师很快开始把他的机械天赋用于制造活塞发动机，专门用于推进飞艇的航空活塞发动机。

纳本舒伊是美国早期著名飞行达人。1904 年，纳本舒伊驾驶巴德温的"加利福尼亚之箭"号飞艇飞到了 600 米高度，然后又安然回到出发点。1905 年，纳本舒伊驾驶飞艇飞过纽约，这是纽约历史上首次飞艇飞行。纳本舒伊在美国各地经常进行飞艇演示飞行，引起许多人的热捧。他最令人称道的事迹是曾担任莱特飞行展示活动的总经理，为帮助莱特兄弟推广飞机做出了不小的贡献。

2冒险时代

The Chinese Aviator, His Trophies

1912
谭根的荣耀

这张照片拍摄于 1912 年 5 月，拍摄地点是美国加利福尼亚的圣迭戈。拍摄者为它取的名字是"谭根，中国飞行者和他的奖杯"（Tom Gun - The Chinese Aviator, and His Trophies.）。作为华裔早期飞行家的杰出代表，美籍华人谭根的英文名字是 Tom Gun，他在 1912 年夺得了美国旧金山举行的万国飞机制造大会比赛冠军奖。照片上的谭根头戴皮革飞行盔，风镜被推到上方，右手举着硕大的奖杯，左手则拿着交叉的美国国旗和中国国旗。

谭根的早期飞行活动集中在夏威夷地区。1913 年 7 月 5 日，谭根在夏威夷斯科菲尔德兵营（Schofield Barracks）进行飞行表演前的准备工作。他把这种表演称作"杂耍戏法"，以各种惊险动作打动观众。谭根还打算搭乘一名当地人上天进行一次载人飞行展示。谭根和他的兄弟谭文（Tom Wing）一道装配飞机，准备进行夏威夷有史以来最为大胆的飞行表演。观众中也有两人报名作为志愿者乘坐谭根的飞机参加表演，一个是当地的裁缝，另一个则是帝国大戏院的女检票员。

7 月 8 日，谭根进行了 25 分钟的精彩表演。当日谭根进行了第二场表演。当天两场表演并非公开，观众仅限于军方、新闻记者和一批专门选定人员。7 月 13 日谭根对全体公众进行了一次公开飞行表演。当天午饭后，谭根搭载夏威夷历史上首位飞机乘客升空，为了安全考虑，他仅仅在低空直线飞行了一段即行着陆。在最后一次搭载乘客飞行中，飞机螺旋桨突然损坏，后续的表演只能取消。

一位曾经目睹谭根表演的叫"淳"（H. F. Chun）的瓦希阿瓦人在三十多年后这样回忆：我真的没有因为自己看到的一切而倍感惊奇。我想那是因为谭根在操作飞机起飞时遇到了太多麻烦（在我看来这句话的含义是谭根在那次表演前折腾了很久都没能飞起来）。像许多其他人一样，我很早就离开了。看起来（飞机）根本不像是未来的交通方式。但是就像后来历史证明的那样，谭根为夏威夷的航空业做出了属于自己的贡献。

谭根后来为自己的飞机安装了浮筒。10 月 2 日他从火奴鲁鲁港起飞。这是夏威夷的首次水上飞机飞行。那之后，谭根宣称可以收费载客飞行，每人 25 美元——这在当时不算便宜。此时有一位女士第一个吃螃蟹，交了 25 美元，享受了一次港口上空的 15 分钟观光飞行，由此这位叫纽曼夫人的女士成了夏威夷历史上第一位付费飞机乘客。后来谭根把飞机运往马荣岛（Maui）并在那里为岛上居民进行了首次飞行表演。1914 年，在夏威夷日裔报纸和华裔运动联合会资助下，谭根于 1 月在珍珠港做了飞行表演。在夏威夷，谭根的名字就是航空的代名词，他优雅的仪态、精湛的飞行技术使他被誉为"飞行员的飞行员"（pilot's pilot）。

1914 年谭根回到中国，担任中华革命军飞机队队长，1915 年曾应邀在广州、香港、澳门等地做飞行表演。在澳门表演时，万人空巷，为澳门首次飞行表演。其后筹建广东航空学校，任飞行主任。1916 年参加广东护国军，任讨袁航空队队长。1918 年后改行经商。

1919 年 10 月，谭根从远东返回旧金山。他告诉新闻媒体，自己离开夏威夷后曾在菲律宾进行飞行表演，并进行过菲律宾最早的航空邮政飞行。他还飞越了菲律宾海拔 2416 米的马荣火山，创造了当时水上飞机世界飞行高度的最新纪录。然后他启程前往中国，主持过民国政府航空工作，也就是在那一个时期中国政府购买了 18 架美国飞机。谭根对新闻媒体所说的话，深刻揭示了当时中国的形势："中国北方属日本的势力范围，南方各省则对中央政府心存戒心。这种不满和罅隙不久将成为公开叛乱的导火索。"

1919
瑞典人想飞越大西洋

20 世纪起初的 20 年间，许多飞机造型都极为怪异。这架形体巨大的水上飞机是美国新泽西州巴约纳（Bayonne）的魏特曼 - 刘易斯飞机公司（Witteman-Lewis Aircraft Co.）制造的竞赛飞机。这架飞机的设计者，是瑞典飞行员雨果·森斯特（Capt. Hugo Sunstedt），他计划驾驶该机完成横越大西洋的壮举，这次冒险的标的，是诺思克利夫勋爵（Lord Northcliff）执掌的《每日邮报》设立的 10000 英镑奖金。这架飞机翼展 100 英尺，长 72 英尺。封闭式的机舱可以让飞行员不再遭受寒冷之苦，除了两名飞行员，还能搭载 2 名乘客。在后置螺旋桨的推动下，这架飞机可以每小时 80 英里的速度飞行，这一速度接近"一战"时期的战斗机。飞越大西洋自然需要充足的燃油，这架飞机可以携带 700 加仑汽油。雨果·森斯特是瑞典赫赫有名的飞行家，他是第一位在瑞典获得飞行执照的人。原本他也希望借助此次远程飞行成为首个不着陆飞越大西洋的人，然而他的这架水上竞赛飞机在 1919 年测试飞行时不幸坠机损坏，他横越大西洋的壮举也因此未能完成。

1920
卡普罗尼的恢宏史诗

　　这架泊在水面的巨型飞机有个美丽的名字——"空中之旅"（Transaereo），它是意大利卡普罗尼 Ca.60 大型水上飞机。照片上用意大利文标注了几个关键信息：9 个机翼，3000 马力，还有照片的拍摄年份——1920 年。

　　如果说你见过三翼机，那么见过九翼机没有？意大利卡普罗尼 Ca.60 就是历史上仅有的九翼大型水上飞机。Ca.60 是卡普罗尼公司工程史上的恢弘史诗，是一种可载运 100 名乘客横越大西洋的大型水上飞机。它最为突出的特点是机身前中后各自设有一副三层机翼，并且配备了 8 台发动机和 8 副螺旋桨。

　　虽然看上去很美，但 Ca.60 的飞行性能却不像它的外观那么壮丽：在 1921 年的试飞中，Ca.60 刚刚从水面起飞不久就失去了控制，跌落到水面上，摔散了架。尽管卡普罗尼公司打算修复，但很快发现修复它的费用几乎等于重造一架。而且更为关键的是，无法确保新造的飞机不会重演上次的事故。如此庞大的九翼飞机，当时尚无充分的手段在研制阶段确保最终产品的操控性和可靠性达到满意程度，最终卡普罗尼公司放弃了重造该机的打算。但是卡普罗尼 Ca.60 仍然算是历史上的一段传奇，它看上去就像是长了 9 层翅膀的大船或者城堡，给人无尽的遐想。宫崎骏先生在电影《起风了》中，就用了不少笔墨描述 Ca.60 的壮观及其悲壮的坠毁过程。多说一句，卡普罗尼本人还是日本飞机设计大师堀越二郎的偶像。

NOVIPLANO "CAPRONI 60"-HP

1920 年法国《小画报》杂志刊发了一幅 Ca.60 试飞成功的想象插画。遗憾的是这样壮阔的一幕从未出现。

这张照片的拍摄时间大约是 1920 年。照片里这位靓丽的女士正在自己的飞机座舱里，举着一面小镜子化妆。看到这一幕笔者很自然联想起《木兰辞》里"当窗理云鬓，对镜贴花黄"的诗句。当冒险的飞行与温婉的女性结合起来，形成如此强烈的对比。这位女士名叫埃尔西·麦凯伊（Elsie Mackay 1893–1928），是英国女演员、室内装饰设计师，同时也是英国飞行家。她出身英国贵族，自幼即表现出极强的独立性，连恋爱结婚这种事情也是通过勇敢的私奔最终争得家庭的认可。埃尔西 1923 年起开始热衷于飞行，参加德哈维兰飞行学校培训并拿到了飞行执照，可能是二战后第二个拿到飞行执照的女性。埃尔西买了一架飞机，并表达了自己的愿望——成为第一个飞越大西洋的女性。埃尔西当时是女性们的偶像，她举止优雅，穿着时尚，喜欢佩戴各种精致的珠宝。人们经常看到她驾驶自己的劳斯莱斯轿车疾速行驶，或是开着自己那架阿弗罗双翼机飞翔在天空中。埃尔西敢于挑战一切风险，她甚至和赫恩尼上尉（Capt. E. C. D. Herne）驾驶飞机尝试反

筋斗特技动作。结果她的安全带松脱，她硬是抓住张线才化险为夷。埃尔西是第一个获得皇家航空俱乐部飞行员执照的英国女性，后来她入选为帝国航空协会飞行员咨询委员会。

为了飞越大西洋，埃尔西买了一架史汀生"底特律人"（Stinson Detroiter）单引擎单翼飞机，把它命名为"奋进号"（Endeavour）。这架飞机动力装置是一台 9 缸 300 马力莱特"旋风"R-975 发动机，巡航速度每小时 135 公里。1928 年 3 月 13 日上午 8 点 35 分，埃尔西和欣奇利夫上尉（Captain Hinchliffe）驾驶"奋进号"从林肯郡克兰威尔皇家空军基地起飞。只有极少几个人知道此事，埃尔西在登记挑战纪录时也用了化名——高登·辛克莱尔（Gordon Sinclair）。起飞也是秘密进行的，当时

1920
当窗理云鬓

埃尔西的父亲正在埃及，而她向父亲保证说自己不会实施这一冒险行径。起飞5小时后的下午1点30分，爱尔兰西南海岸的灯塔值守员看到"奋进号"正飞行在前往纽芬兰的大圆航线上；一艘法国轮船也报告看到过它。不过此后就再无"奋进号"的消息。美国长岛米切尔机场上，已经有5000人等在那里准备见证这一历史性的时刻。不过他们始终没能等到埃尔西的到来。直到8个月后的1928年12月，一个起落架轮胎被海浪冲上了爱尔兰西海岸，人们发现那属于"奋进号"。

1921
瓦朗蒂涅的旋翼怪物

奥米臣 1924 年驾驶自己的直升机试验时的留影

这是航空史上弥足珍贵的一张旧照。1921 年 2 月 18 日，摄影师在法国瓦朗蒂涅（Valentigney）拍下了这张照片。照片上，一架匪夷所思的旋翼飞行器正在摇摇晃晃地进行飞行测试。在直升机发展史上，这架飞机还真不能被忘记——它是法国标致公司工程师埃蒂安·埃德蒙·奥米臣（Étienne Edmond Oehmichen，1884–1955）设计制造的纵列双旋翼"直升机"，不过这架直升机不能算是成功，它的上方安装了一只气球来提供升力和稳定性。尽管如此，奥米臣仍然被认为是世界上完成直升机首次飞行的人。

曾就读于巴黎中央学院的奥米臣在 1917 年就申请了世界上第一台电频闪观测仪的专利，同时制造了一部每秒钟能拍摄 1000 张照片的高速摄影机。在完成 1921 年的成功飞行后，他又在 1922 年 11 月 11 日驾驶改良型直升机"奥米臣 2 号"完成了世界上首次直升机的载人飞行，后来他为直升机设计了尾桨。1923 年 4 月 14 日，"奥米臣 2 号"创下 3 项国际航联世界旋翼类飞机纪录：两项直线飞行距离纪录和一项飞行高度纪录。9 月，他又创下了载重 200 公斤飞行的新高度纪录。

法国 1957 年发行的"直升机发明者"纪念邮票，这张邮票上印制的人物正是奥米臣。

1921 年，一架法国法尔曼 F.63bis "哥利雅"（Goliath）双发旅客机停在瑞士苏黎世杜本多夫机场上。F.63bis 是 F.60 的改进型，是早期远程客机的经典之作，1918 年开始设计时，"哥利雅"原本打算作为一款可载弹 1000 公斤、航程 1500 公里的重型轰炸机。该机为双翼布局，采用木制机身和帆布蒙皮，固定式起落架，动力装置为 2 台萨姆森 Z.9 发动机，腹部设有 3 个弹仓。该机完成设计开始初步测试时，"一战"已接近尾声。法尔曼

意识到军方订单即将泡汤，发现这种机体巨大的飞机可以改造成民用客机。改造后的"哥利雅"客舱可搭载 12 到 14 名乘客，大型舷窗可供乘客欣赏舱外美景。根据客户需要，飞机还可以选装萨姆森、雷诺和洛林等发动机。"哥利雅"总共制造了大约 60 架。捷克斯洛伐克也曾许可制造过 8 架。

1919 年 2 月 8 日，"哥利雅"搭载 12 名乘客，历时 2 小时 30 分从图苏斯（Toussus-le-Noble）飞到英

1921
"哥利雅"开启新时代

国克罗伊顿（Croydon）附近的皇家空军肯利基地——鉴于当时民用航空运输难以获批，该机飞行员和全部乘客都是身着制服的军事飞行员，而且持有军方的任务命令。1919年4月3日，"哥利雅"又载着14名乘客飞到6200米（20341英尺）高空，在没有增压客舱的时代，这是一个危险高度。8月11日，"哥利雅"运载8位乘客和1吨货物从巴黎经卡萨布兰卡和摩洛哥摩加多尔（Mogador）飞抵塞内加尔圣路易斯以北180公里的

科法（Koufa），总航程超过4500公里（2800英里），证明了远程客运的可行性。在这一时期欧洲航空运输业迅速兴起的大背景下，各大公司纷纷订购F.60。1920年CGEA航空公司开始用F.60执飞法国布尔歇到英国克罗伊顿的定期航班。同年7月20日，SGTA公司利用F.60开辟了巴黎到布鲁塞尔的定期航线。1921年5月，这条航线又拓展到阿姆斯特丹。比利时SNETA航空公司也利用F.60开辟了布鲁塞尔到伦敦航线。

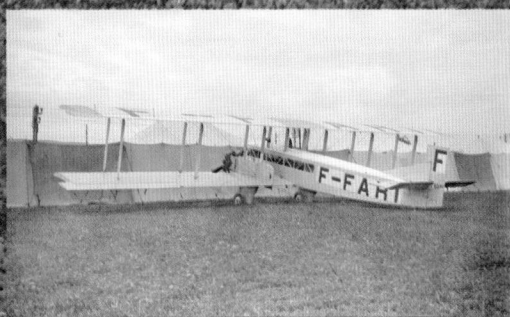

1923
农杰索和他的"飞行鸡蛋"

当第一次世界大战的硝烟散去，那些曾经驾驶各色战机在高天白云间鏖战的人，再也无法摆脱蓝天的诱惑，许多人在战争结束后投身航空工程领域。著名法国王牌飞行员查理·农杰索（Charles Nungesser）就是其中一位。在战后的平静时光里，他开始尝试设计自己中意的飞机，而且还是水上飞机。到底是王牌飞行员，连设计的飞机都与众不同。他设计的这款水上飞机法文称作 Oeuf Volant，翻译成中文就是"飞行鸡蛋"的意思。别看这款飞机外形古怪，它可是一款竞速飞机，而且是打算参加1922 年亨利·杜伊茨·穆尔特（Henry Deutsch de la

Meurthe）大奖赛的。

这架水上飞机外形看起来就像是个方头方脑的木箱子，而且还是鸭式单翼机，发动机置于"额头"。这架飞机起初安装一台 60 马力发动机，后来换成了 95 马力安萨尼 7 缸星形发动机。1923 年 3 月，"飞行鸡蛋"总算是完工了，随后飞机在莫兰穆雷（Melan-Les Mureaux）湖上进行了几次试飞。然而该机的飞行表现实在太差，别说是参加竞速比赛，连平稳飞行都困难，很快就被人们遗忘了。"飞行鸡蛋"保留到今天的照片极少，只有在法国国家图书馆能找到寥寥几张，弥足珍贵。

1924

"飞行汽车"徜徉时代广场

1924 年 4 月，纽约时代广场。一辆外形怪异的"飞行汽车"正经过时代广场，它的两侧带有机翼，散热器格栅前还装有一副两叶螺旋桨。这辆"飞行汽车"的发明者是来自新泽西的拉塞尔（A.H. Russell）。虽然不知道这辆"飞行汽车"是否真的能够飞行，但按照常理推断，这样短小如企鹅的小翅膀恐怕很难让它离地升空。尽管在性能上可能只剩下了概念，然而这个概念却是当年的时尚，今天依然如此。

实际上拉塞尔的发明只不过是看起来像飞机的汽车。

1920s
汽车追飞机

在距离地面大约两三米的高度上，一架双翼机在贴地飞行。飞机后方数十米的地方，一辆敞篷跑车在高速疾驰，追逐飞机。飞机左侧下翼前缘垂下一条软梯，后方跑车上身着白衣的表演者站在座位上，在等待跑车接近飞机的时机，一旦车辆开到飞机左翼下方，她（或他）就会伸手抓住软梯爬上机翼，实现一次从汽车到飞机的转乘，这是 20 世纪 20 年代美国乡间空中马戏团表演中的一幕。这种颇具危险性的表演在博取无数观众眼球的同时，也让航空文化迅速传遍美国和欧洲大地。航空文化的传播，并不是出于国家工业战略等高大上的目标，而是更具亲和力的群众体验活动。

1924
咬住飞机打秋千

这张照片拍摄于 1924 年 7 月 4 日，美国独立纪念日。查尔斯·弗沃（Charles Fower）驾驶一架"标准"J-1 双翼机掠过密苏里圣路易斯的高天。飞机下方悬荡着著名的天空杂技表演家伯尔蒂·布鲁克斯（Bertie Brooks）。布鲁克斯用来与飞机实现固定连接的东西不是双手和双脚，而是牙齿——这是玛丽·迈耶飞行马戏团（Marie Meyer Flying Circus）撼人心魄表演的一部分。

1925
鲍姆豪尔直升机

　　荷兰著名航空工程师阿尔伯特·冯·鲍姆豪尔（Albert G. Von Baumhauer，1891—1939）设计了属于荷兰的第一架直升机。1910 年，19 岁的鲍姆豪尔就设计制造了一款双翼滑翔机。1913 年他制造了一架反转双旋翼直升机模型，这件模型能飞行，但是稳定性不够好。此后鲍姆豪尔先后在代尔夫特、哥廷根和苏黎世技术大学学习，在苏黎世他也遇到了西奥多·冯·卡曼（Theodor von Kármán）教授和著名数学家兼航空学者路德维希·普朗特（Ludwig Prandtl）。

　　1924 年，英国航空部宣布了一项直升机招标，要求这种直升机要能以 100 公里 / 小时的速度完成圆形闭合航线，能垂直起飞并爬升到 600 米，能在发动机停车情况下滑翔并安全着陆。航空部为此设立了一项 50000 英镑的奖金，项目提交截止日期为 1925 年 5 月 25 日，此后又延期一年。鲍姆豪尔和许多竞争者一样对这笔奖金发起了冲击。他在 1924 年 11 月 5 日组建了荷兰第一直升机公司，专门研制竞标用直升机。1925 年 4 月他的直升机制造完成，9 月进行了首次飞行。1926 年 2 月 10 日，这架直升机成功连续飞行了 5 分钟。经过初步测试后，这架直升机转移到史基浦（Schiphol），后来英国取消了这项竞赛。但鲍姆豪尔继续试验，一直进行到 1930 年。期间他进行了多项改进，飞行性能也得到改善。1930 年 8 月 28 日，鲍姆豪尔驾驶这架直升机完成了半小时连续飞行。但就在次日，一片旋翼上的铰链螺栓因为疲劳断裂，直升机坠落地面彻底损毁，鲍姆豪尔幸而未受伤。由于资金告罄，鲍姆豪尔没能重建直升机。鲍姆豪尔的设计对后来的直升机产生了很大的影响，他的直升机采用单旋翼加反扭矩尾桨设计，他也是最早采用这一方案的航空先驱。与今天的直升机不同，鲍姆豪尔直升机的尾桨由独立的发动机驱动——这样做是为了便于控制，而且其桨距无法在飞行中调整。鲍姆豪尔的另一项成就是在直升机主旋翼上采用了总距和周期变距控制，这种设计一直沿用到今天的所有直升机上。这里看到的这张照片，是拍摄于 1930 年的鲍姆豪尔直升机，地点是荷兰史基浦机场。

1925
在客舱里看场大片

　　如果你坐在 1925 年德国汉莎航空公司的客机内，享受的个人空间是这样的。根据照片显示的至少 8 个座位，我们可以大胆推测，这架飞机可能是德国容克公司 G.24 客机，其最大载客量为 14 人。简陋的藤椅，简陋的客舱，一切都不比马车更豪华，唯一的不同是这个板条箱一样的东西能飞上天。不过旅途中大可不必担心烦闷，因为在那个飞行还是一种高大上旅行方式的时代——那时候客舱里还没有头等舱、商务舱和经济舱之分，所有能坐进飞机客舱的人都不是等闲之辈，不是政府官员就是商界知名人士，总之是能掏得起不菲机票价款的那一票人，在如此精英荟萃的客舱中，没有上档次的消遣娱乐方式怎么行？航空公司的解决方案也很睿智，把电影放映机搬上飞机，让乘客在空中享受影院般的大片！这张 90 多年前拍摄的照片清楚地显示在个人空间逼仄的狭小客舱中，客人们正饶有兴味地欣赏前方特制屏幕上放映的影片。从照片看，电影放映机的机位应该在整个客舱的最后部。如此一来，各位看官还真得小心，因为没准一激动，肩部或头部就可能遮挡了放映机光线，遭致其他客人不礼貌的问候。既然说到了飞机上的电影院，那么也得说说第一个吃螃蟹的人：1925 年，英国帝国航空公司首开机上影院先河，把电影放映机搬上客舱，为乘客们放映好莱坞大片《失落的世界》（The Lost World）。

1926

飞越威斯敏斯特宫

今天如果任何人想驾机进入伦敦市区中心地带，都要经过繁琐的审批程序，更不要说飞过地标性的伦敦议会大厦了。就连民航客机也不会随便穿越伦敦中心城区。正因如此，这张拍摄于 1926 年 3 月 13 日的老照片也就显得格外有味道：英国飞行员阿兰·科巴姆（Alan Cobham）正飞越威斯敏斯特宫（也就是英国议会大厦）。这段经过伦敦中心区的航程，是他从伦敦到开普敦（Cape Town）往返飞行总计 27000 英里（43200 公里）的最后一段。当他驾驶的德哈维兰 DH.50 双翼水上飞机掠过威斯敏斯特宫上空时，下面的行人全都驻足仰首观望，使得威斯敏斯特大桥上交通一时中断。因为这次成功的创纪录飞行，科巴姆获得了英国空军十字勋章。就在当年 6 月 30 日，科巴姆再次驾机起程，从英国飞往澳大利亚并成功返航，归航时他干脆驾机在众目睽睽之下降落在泰晤士河面上，成为一大新闻图景。在这次纪录飞行之后，英王乔治五世特地授予他骑士头衔，这一年科巴姆 32 岁。

科巴姆曾在英帝国各地进行巡回飞行，这些行动让飞行活动博得公众广泛关注和喜爱。当时人们把他的巡回飞行称作"阿兰·科巴姆的飞行马戏"。此后科巴姆还参与组建飞行加油有限公司，成为探索空中加油技术的先驱。他在早期试验中使用的探头—锥套技术今天已经成为空中加油技术的标配。

一个阳光明媚的日子，纽约长岛罗斯福机场。飞机设计大佬西科斯基在自己的轿车和飞机前拍下了这张照片。照片里的这辆汽车，是美国帕卡德 6 缸"四轮马车"（Packard Six Phaeton），在 90 多年前这是地道的豪车。20 世纪二三十年代，帕卡德是美国顶级豪车的代表，与纽约布法罗的"皮尔斯之箭"（Pierce-Arrow）和俄亥俄克利夫兰的"无双"（Peerless）并称美国高端豪华轿车厂商中的 3P（厂商名称均以字母 P 开头），知名度不亚于今天瑞士高端手表中的 3P。仅在 1928 年一年，帕卡德销售总额就达到了惊人的 2188 万美元。这辆属于西科斯基的帕卡德"四轮马车"才推出一年，采用 4.729 升排量 6 缸直列侧置气门发动机，功率 60 马力（44 千瓦），最多可以乘坐 7 人。豪车背后那架飞机则更有说道，它是西科斯基公司为法国飞行家、"一战"空中王牌飞行员雷纳·冯克（Rene Fonck）研制的 S-35——后者准备用它实现不着陆飞越大西洋，夺取奥泰格大奖（Orteig Prize）。该机最初采用双发动机方案，后来应冯克要求改为 3 发，安装了 3 台 425 马力（317 千瓦）土地神"木星"9A 活

1926
西科斯基及其豪车

塞发动机。1926 年 9 月 16 日是冯克最初计划的起飞日，但突然发现的漏油现象让远航被迫推迟。9 月 21 日飞机再度准备起飞，但加满油后发现超重 4000 磅（1800 公斤）——除了设计偏差，冯克还坚持在飞机上携带沙发和冰箱。飞机上除了冯克，还有副驾驶、美国海军飞行员劳伦斯·科丁中尉（Lawrence Curtin），一名无线电操作员以及一名西科斯基机械师。万众瞩目下，飞机从罗斯福机场加速滑跑，超重让辅助起落架突然崩溃，飞机没能升空，一头扎在跑道尽头燃起大火。两名飞行员侥幸逃出生天，但无线电操作员和机械师不幸遇难，造价 80000 美

元的飞机彻底报废。更糟糕的是，飞机没上保险。后来发生的事儿我们都知道，冯克不着陆横越大西洋之举就此铩羽，8 个月后的 1927 年 5 月 20 日，一个年轻的美国人驾驶一架单引擎小飞机从纽约起飞，一口气飞到了巴黎，斩获了 25000 美金的奥泰格大奖，他叫查尔斯·林德伯格。在他的飞机上，没有冰箱，也没有沙发。

有些机构把这张照片标注为拍摄于 1927 年，别信那个。你知道这架 S-35 在 1927 年到来前就毁了，所以这张照片只能拍摄于 1926 年，而且是 9 月份之前。

3 飞向遥远的地方

飞行纪录和其他纪录一样，几乎都是在竞争环境中创造的，而这种竞争环境，是需要外部刺激的，而最直接的刺激，莫过于金钱。1919 年，美国旅店业大亨，慈善家，法裔美国人雷蒙德·奥泰格（Raymond Orteig）宣布出资 25000 美元，设立一项飞行挑战大奖，用于奖励率先完成从巴黎飞到纽约，或纽约飞到巴黎，不着陆飞越大西洋的飞行员。

奥泰格向林德伯格颁发的 25000 美元巨额烫金精美支票

1927
林德伯格
飞越大西洋

奥泰格所设想的飞越大西洋线路，总里程为5794公里，如此遥远的距离，在当时看起来几乎是不可能完成的任务。20世纪20年代初，飞机技术取得了显著进步，挑战如此距离的技术可能性变得更大——尽管飞行员要冒巨大的风险。从1919年设立到1924年这5年有效期内，没有任何一个人完成这项任务，奥泰格大奖自然也就无人领取。

25000美元绝对足够诱人，许多飞行员都铆着劲希望能拿下这笔奖金。奥泰格自然也知道飞行员们的打算，于是宣布将奥泰格大奖的有效期延长5年。到1927年，摩拳擦掌准备夺取奥泰格大奖的团队已经达到3个。然而这几个团队全都失败了。

1927年5月20日，一个25岁的美国人查尔斯·林德伯格（Charles Lindbergh）驾驶一架叫作"圣路易斯精神"号的瑞安飞机，从纽约长岛罗斯福机场起飞，经历33小时的艰难飞行，降落在巴黎布尔歇机场，成为单人不着陆飞越大西洋的第一人。林德伯格飞抵巴黎时，奥泰格正在法国度假，闻讯后他立即赶往巴黎，与林德伯格会面，把一张特别制作的精美烫金、面额25000美元的支票交给林德伯格，如今这张支票收藏在美国华盛顿国家航空航天博物馆。

林德伯格充分汲取了前面团队失败的惨痛教训，他没有选择大型3发飞机，而是改用重量更轻燃油效率更好的单发飞机。他也没有选择多人机组，决定冒险单人飞行。在密苏里州圣路易斯市的银行家支持下，林德伯格认真改装了飞机，他抛弃了一些"多余"的东西——无线电、六分仪和降落伞，唯一的救生设备是充气救生筏。但在那个年代，一旦落水他生还的几率并不比零大。

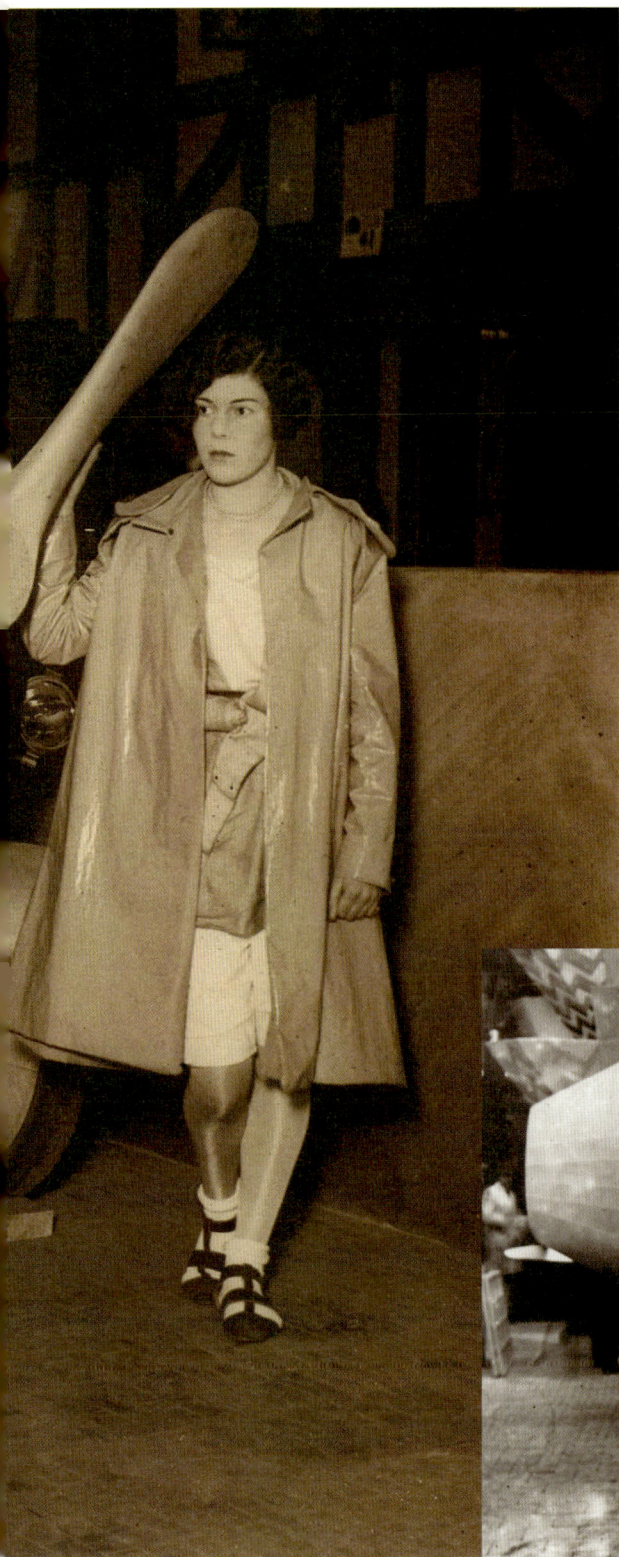

1928
展望新千年

　　在人类历史上，憧憬未来是任何时代的潮流主题。在1928年伦敦一次展览会上，人们用展品来呈现72年后的公元2000年世界的面貌：他们穿上未来派服装，簇拥着一辆飞行汽车，仿佛在告诉观众，这就是2000年的人类交通工具的新时尚。我们都清楚的是，2000年的时候飞行汽车并没有呼啸着穿街过巷，2010年没有，今天也没有——虽然飞行汽车的概念至今已近百年。需要说明的是，照片里这辆飞行汽车并不是真家伙，从浑圆的外壳和生硬安装的螺旋桨判断，应该是用水滴型汽车模型临时改造的展览道具。

1929

连续飞行 420 小时

　　20 世纪 20 年代末，连续飞行时间纪录是人们希望不断突破的目标之一。人在空中连续飞行所必不可免的吃喝拉撒睡等问题都还能克服，比如两人轮换休息，在机上带个马桶啥的，这都好办，但是飞机飞行是要消耗燃油的，而你没办法在飞机货舱里携带大量的燃油，因为这些载荷会让飞机以更快的速度消耗油料。如果能有一架飞机在空中把油料送过来，那绝对是绝好的解决方案——事实上这便是空中加油的最初构想。

　　1929 年 7 月 12 日到 30 日，"圣路易斯罗宾 1 号"（St. Louis Robin 1）成功地创下了一项持续飞行时间世界纪录：连续留空飞行 420 小时 21 分钟 30 秒。之所以能连续飞行这么久，就是因为飞机在空中能接受另一架飞机的空中油料输送。

1929
齐柏林上的德鲁蒙德女士

1929 年 8 月 19 日，德国齐柏林飞艇公司 LZ 127 "齐柏林伯爵" 号飞艇从美国新泽西州雷克赫斯特起飞，准备进行历史上首次载客飞艇的环球飞行。在这艘飞艇客舱内那些由社会上流各界名人所组成的乘客群体中，有一位女士，也是唯一一位女士，被称作格蕾丝·德鲁蒙德·黑伊女士（Grace Drummond Hay，1895—1946），这一年她 34 岁，身份是英国记者。德鲁蒙德·

黑伊女士在 25 岁时开始了第一段婚姻，嫁给了英国驻黎巴嫩贝鲁特的总领事——一位比自己大 25 岁的富有男士。也许是由于职业的原因，德鲁蒙德·黑伊女士对航空旅行热情爆棚。早在 1928 年，她就搭乘 "齐柏林伯爵" 号，完成了首次飞艇横越大西洋的壮举。在 1929 年登上 "齐柏林伯爵" 号之前，她的丈夫已在 1925 年辞世。21 天后，飞艇依次经停德国腓特烈港、日本东京、美国洛杉矶，环绕地球一周安然回到出发地。德鲁蒙德·黑伊女士也随着这次环球飞行的成功，成为世界上第一个乘坐飞艇周游世界的女性。她撰写的关于这次胜利飞行的报道在世界各大报纸刊载，她作为知名作家和航空专家的形象也深入人心。德鲁蒙德的探索脚步并未就此停止，此后 10 年她到全球各地旅行，用文章向公众讲述自己的旅行经历。

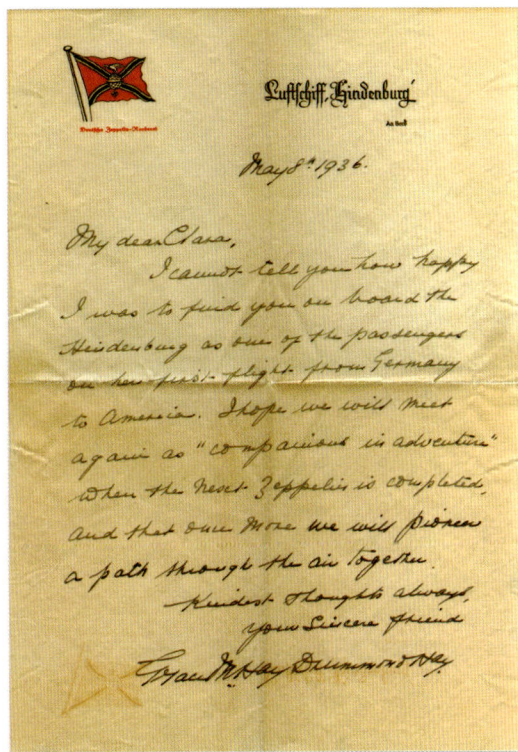

1936 年 5 月 8 日德鲁蒙德女士乘坐 "兴登堡" 号飞艇旅行时，使用带有 "兴登堡" 抬头的信笺书写的信函。

1929
道尼尔的飞行船

如果没有最上方一长溜排开的螺旋桨，您可能很容易把照片里这个大家伙误认为大航船。1929 年完成时，德国道尼尔公司 Do X 是世界上最大、最重也最为强悍的水上飞机。在苏联图波列夫安特 -20 出现之前，Do X 一直保持着最大的纪录。Do X 由克劳德·道尼尔博士（Dr. Claude Dornier）主持设计，是一种远程飞机。它的客舱超大，可以容纳 66 名乘客，如果短途飞行，最多可搭载 100 人。1929 年 10 月 21 日的一次测试飞行中，Do X 搭载了 169 人，创下了单次飞行载客最多的世界纪录。这一纪录一直保持了 20 年。除了大船一样的机身，Do X 外观上最为醒目的特征，就是机翼上方排列的 6 组 12 台活塞发动机。起初 Do X 使用的是西门子－布里斯托尔"木星"星形发动机，1930 年又换成了美制柯蒂斯 V-1570"征服者"V-12 发动机。发动机的调整不是飞行员自己完成的，而是通过机内电话通知飞行机械师来完成，这与操纵轮船十分相似。在当时许多人眼里，Do X 俨然就是长着翅膀的轮船。

　　1930 年 11 月 3 日，Do X 开始跨越大西洋，目标是纽约。它从德国腓特烈港出发，依次经荷兰、英国、法国、西班牙、葡萄牙（在葡萄牙因为意外起火花费了 6 周修理）、非洲西海岸、佛得角、巴西纳塔尔，最终于 1931 年 8 月 27 日抵达纽约。然而，当时世界范围的大萧条让 Do X 的市场前景变得暗淡无光。最终 Do X 一共只制造了 3 架。

1929
福克斯大剧院里
的双翼机

尽管是一张黑白照片，我们仍能瞬间感受到画面中这间大厅金碧辉煌带来的震撼。说实话，第一时间甚至会以为这是拍摄于北京紫禁城。然而，这张照片真实的拍摄地点是美国密苏里州圣路易斯福克斯大剧院的大厅，时间是1929年10月26日到31日间。由12根硕大金柱撑起的厅堂里，弥漫着那个时代特有的豪华格调。大厅中央停放着一架飞机——柯蒂斯 - 莱特公司的"挑战者罗宾"（Challenger Robin）双翼机。这架飞机来到电影院的目的，是为当时公映的航空主题电影《飞行》（Flight）站脚助威。今天电影院在推广新片时也会借用各种道具，但是借用真飞机站场的不多。所以这张照片记录的是那个时代电影市场与航空文化结合所营造的气势。

1930 年，在西非朱比角（Cape Juby）那个荒蛮寂寥的飞行场站，一架法国拉泰科埃雷 Late-
26 型双翼飞机孤零零地飞来兀自落下，机身侧面的法文 Aeropostale，说明这是法国航空邮政公司的
一架邮政飞机。朱比角位于摩洛哥南部的西撒哈拉沙漠沿海处，曾经是航空邮政公司从欧洲到西非乃至
南美重要的经停/导航站。从 1926 年到 1929 年，航空邮政公司最富盛名的飞行员，也是后来世界级
文化大咖安托瓦内特·圣埃克苏佩里（Antoinette Exuperry）曾在这个沙漠场站担任负责人。那时他
最喜欢的事儿就是在夜晚躺在沙漠里仰望繁星，让自己的思绪跳出物理空间，徜徉于宇宙。没有这段经
历，恐怕就没有后来的《小王子》。这张收藏在瑞士博物馆的照片，不仅记录了 1930 年航空邮政公司
Late-26 飞机经停朱比角的珍贵画面，同时还定格了那名飞行员的影像。无论怎么看，笔者都觉得他就
是后来声名远播的圣埃克苏佩里。您看看，像不像？还得多费些笔墨说说航空邮政公司。这家公司成立
于 1918 年的图卢兹，是法国航空运输界的元老和先驱，最初名字叫拉泰科埃雷航空运输公司（Lignes
aeriennes Latécoère），自成立之初就拿到了法国政府大宗邮政服务订单。但随着 1932 年该公司爆
出邮政资费滥用丑闻，公司被迫解体。当年与其他几家航空公司合并组成了一家新航空企业，所幸这家
企业经营得还算不错，直到今天仍然存在，它叫法国航空。

1930
经停朱比角

1930

"伯爵"驾临足球场

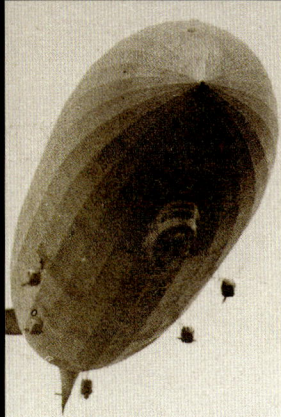

这张照片的拍摄地点是英国伦敦温布利体育场（Wembley Stadium），时间是 1930 年 4 月 26 日。这一天这里正举行英格兰足总杯决赛。场上身着红色队服的是阿森纳队（Arsenal），白蓝条纹队服的则是哈德斯菲尔德城队（Huddersfield Town）。在比赛进行中，一艘体型巨大的 LZ127"齐柏林伯爵"号飞艇从空中悠然自得地飞越现场，引得场上的球员不禁抬头仰望，一时忘记了自己正置身于紧张激烈的竞赛。

"齐柏林伯爵"号是一艘 1928 年投入使用的硬式氢气飞艇，是第一艘完成跨大西洋商用客运航线的飞行器。从 1928 年到 1937 年，"齐柏林伯爵"总计完成了 590 次越洋飞行，航程超过 170 万公里。无数乘客（当然是腰包厚实的）曾搭载这"空中沙龙"飞过茫茫大西洋，穿梭于欧洲和美洲。当年这艘飞艇上，光机组成员就有 36 名，而旅客一般不超过 30 人，想想那种服务周到的程度吧。1937 年"兴登堡"号飞艇惨祸之后，氢气客运飞艇顿时落寞。1940 年，发动"二战"的纳粹德国盯上了"齐柏林伯爵"号结构中大量珍贵的铝材，下令将其拆毁，把铝材用于生产战斗机。

　　1930 年匈牙利机场上停放的一架大飞机。这是一架英国帝国航空公司（Imperial Airways）阿姆斯特朗 - 维特沃斯"大商船"（Argosy）客机。这种飞机载客 20 人，最大航程 652 公里，主要用于欧洲航线和南非航线。每架"大商船"都用城市来命名，图中这架名字是"布达佩斯城"（City of Budapest）。"大商船"具备当时典型过渡时期大型客机的某些设计特点，客舱是封闭的，而驾驶员的座舱却是敞开的。三台发动机也没有安装整流罩。1926 年"大商船"首先飞伦敦到巴黎之间航线，1931 年威尔士亲王爱德华和他的弟弟乔治亲王曾搭乘"格拉斯哥城"从巴黎布尔歇机场飞回伦敦。

1930
"大商船"在布达佩斯

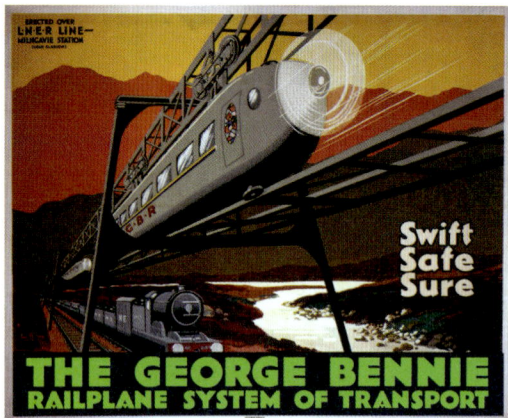

20 世纪 30 年代本尼"轨道飞机"用以吸引投资人的宣传海报，强调这种新概念轨道交通"快速、安全和准点"。

1930
乔治·本尼和
他的轨道飞车

英国人曾打算改变现代交通的技术格局，就像当年他们的火车改变人类交通面貌一样。从 1921 年起，一位叫乔治·本尼（George Bennie）的工程师开始研究一种利用航空推进技术驱动的轨道列车，这就是后来名噪一时的"轨道飞机"（Railplane）。9 年后的 1930 年，本尼在格拉斯哥修建了一条 120 米长的试验轨道，这一年，乔治·本尼 39 岁，他梦想自己的发明能够吸引到足够的投资。

他的"轨道飞机"是介于悬空单轨列车和飞机之间的混合体，列车在架空单轨上悬挂运行，位于传统公路和轨道上方，不会影响城市原有交通格局。美丽的雪茄状流线型车厢配有宽大的滑动车门，内部设有厚厚的地毯和典雅的桌灯，带窗帘的舷窗提供了空中观景体验。车厢前后各安装一副螺旋桨，使用电动机或汽油机驱动，以前拉后推的方式提供行驶动力。车厢下方设有水平车轮，通过与两条轨道相啮合，确保列车行驶的稳定性。顶部轨道设有刹车系统，螺旋桨也可以通过反桨距协助制动。乔治·本尼相信"轨道飞机"会提供优雅平稳而且不会冒烟的高速旅行，

速度可达 120 英里 / 小时。1930 年 7 月 8 日，一些媒体记者和特邀嘉宾受邀试乘"轨道飞机"。其中一位乘客这样回忆那次乘坐体验："'轨道飞机'行驶极为平稳，乘客们通过窗外向后掠过的景物才能感觉到车辆在行驶。车辆没有颠簸，也不冒烟，更没有刺耳的汽笛。乘坐这样的列车令人兴奋。""轨道飞机"当时被誉为"英国列车的奇妙产品"，本尼计划在格拉斯哥和爱丁堡之间修建一条运营轨道。

遗憾的是，在试验轨道建成后 7 年多时间里，本尼吸引投资人的努力却始终未果。1937 年，本尼再也没有财力支撑这项发明，宣告破产。究其原因，试验轨道长度仅为 120 米，无法进行充分的试验和展示。投资人自然不愿意为此支付庞大的资金。没有强大的技术性能领先优势，也就无法撼动传统铁路已经建立的强悍地位。本尼破产后，试验轨道就这样立在那里，俨然本尼创新精神的纪念碑，最终在 1941 年拆解，拆下来的钢铁作为战争物资，用于军工生产，以这种方式为英国做出最后的贡献。本尼的创新努力归于失败，但是这项发明闪耀的创意光芒不会因此泯灭。

1930
圣路易斯飞机展览会

这张拍摄于 1930 年的照片，记录了当年 2 月 15 日到 23 日在美国密苏里州首府圣路易斯体育场举行的一次国际飞机展览会的景象。只见数十架飞机十分拥挤地排列在相对狭小的展览场地上，等待那些对飞行充满好奇的人前来参观。

1930
为福克 F.32 祝福

这张照片拍摄于 1930 年 3 月的美国。画面上，一群泳装模特正在一架外形硕大的飞机机翼上表演。这一场景，出现在这架飞机的服役典礼上。这架飞机是福克 F.32——福克（美国）飞机公司 1929 年研制完成的旅客机，也是美国设计制造的第一种 4 发动机飞机。F.32 采用上单翼设计，翼下两侧各有一个发动机短舱，每个短舱内背对背安装两台发动机。1929 年 11 月 27 日，一架 F.32 在表演 3 发起飞时发生意外，左侧两台发动机中的一台被关车，但起飞后另一台也发生了故障，结果左侧完全失去动力。飞机失控坠毁在纽约附近，飞行员和一名乘客受伤，但无人死亡。这次事故暴露了飞机的动力系统存在的问题：该机发动机功率原本就不足，背靠背安装的发动机布局形式让情况更加恶化。前方发动机使用两叶螺旋桨，后部发动机使用三叶螺旋桨，后部螺旋桨处于前方螺旋桨的紊流之中，效率降低且冷却困难。设计师后来用功率更大的普惠 R-1860 "大黄蜂" 替换了早前的普惠 "黄蜂"，部分弥补了功率问题，但冷却问题一直如影随形。F.32 一共制造了 10 架，商业运营也很有限，主要制约因素是颇高的成本，以及后部发动机的冷却问题。美国陆军航空队曾测试过 F.32，但结果不够满意，没有订购。

1930
雄赳赳的
帝国飞艇计划

　　1930 年 8 月 16 日，英国贝德福德郡卡丁顿（Cardington，Bedfordshire）。一艘巨大的硬式飞艇雄赳赳地锚泊在高耸入云的铁塔顶端（严格地说这种铁塔应该叫飞艇锚泊塔），引得周围居民狂热围观。此刻这艘名为 HM R100（HM 是女王陛下的英文缩写）的飞艇是英国政府的"帝国飞艇计划"的一部分，目的是实现大英帝国庞大版图的航空交通。此刻，R100 刚刚完成两次跨越大西洋的航行，返回祖国。它先从英国向西横越大西洋飞往加拿大，又从加拿大返航英国。R100 由维克斯 - 阿姆斯特朗军械公司旗下的飞艇保全公司制造，设计团队的领袖，就是日后为皇家空军轰炸德国鲁尔水坝开发出"弹跳炸弹"的巴恩斯·沃利斯（Barnes Wallis）。

　　在飞机的航程和可靠性都比较可怜的时代，飞艇这种不依靠额外动力就能自行升空的飞行器，为人们远程航行提供了值得信赖的方式。尽管飞艇的速度和今天的飞机相比简直不值得一提（如今喷气客机每小时能飞行 900 公里，而飞艇也不过百余公里），但对于那时的旅客而言已经算是便捷的了。他们可以悠哉游哉地在宽阔如沙龙舞厅的舱室里享用美酒佳肴，和妻子儿女温情脉脉，把漫长的旅程当作一场不散的假日晚会。更重要的是，在飞艇上不必担心故障导致的坠机事故——只要气囊安好，这个"大气球"就会老老实实地待在天上。然而就在两个月后的 10 月 5 日，R100 的姊妹艇 R101 在首次海上航行时不幸在法国坠毁（事故原因是漏气和失火），艇上乘客 54 人中死亡 48 人，仅 6 人生还。死者中包括"帝国飞艇计划"的发起人、英国航空部长汤姆森爵士（Lord Thomson）等政府要员，还有许多飞艇设计人员。此次惨祸让"帝国飞艇计划"遭遇重创，英国对飞艇远程商。

1930s
西科斯基飞行森林

　　这架飞行在美国城市上空的造型怪异的飞机是一架西科斯基 S-40 水陆两栖旅客机，是西科斯基应泛美航空公司老板胡安·特里普（Juan Trippe）的要求研制的。1931 年首飞，可载客 38 人。按照当时的标准，S-40 有许多奢侈配置，飞机上设有带电冰箱和炉子的食品储藏室，此外还有红木壁板的豪华吸烟室。机上的安全设施也比较齐备，携带有 6 具救生艇。

　　1931 年 11 月 19 日进行首次载客飞行时，驾驶员是大名鼎鼎的查尔斯·林德伯格。他驾驶 S-40 从佛罗里达州迈阿密出发，经过古巴、牙买加和哥伦比亚飞到了巴拿马运河区。尽管载客量相比 S-38（载客 8 人）大大提升，但 S-40 由于采用了太多张线和加固支柱而被冠以"飞行森林"（Flying Forest）的绰号，这也导致该机飞行阻力过大，气动性能降低。这样的飞机自然难以大卖，S-40 总共只制造了 3 架，全部由泛美航空运营。其中这架注册号 NC80V 被命名为"美利坚飞剪"（American Clipper），另外两架的名字分别是"加勒比飞剪"（NC81V）和"南方飞剪"（NC752）。S-40 是泛美航空第一种大型水上飞机。这 3 架 S-40 整个服役生涯内都平安无事，总计飞行里程超过 1600 万公里。"二战"爆发后，已经老迈的 S-40 被交给美国海军作为 4 发飞机训练之用。1943 年这些 S-40 最终退役并被拆毁。

阿姆斯特朗与美国政府官员讨论海上浮岛机场方案模型。

1931
大西洋上的飞机驿站

　　右页这张 1931 年拍摄于纽约的照片上，加拿大工程师爱德华·阿姆斯特朗（Edward R. Armstrong）正在一座水池里摆弄自己设计的海上机场（Seadrome）缩比模型。这是一种漂浮在海上的新概念机场，能够为那些跨越大西洋的飞机提供加油和维修服务。由于航程限制，当时飞机横跨大西洋进行客货运输仍然十分困难，阿姆斯特朗的飘浮机场概念颇有魅力。按他的设想，这种飘浮机场面积最大可达 6 英亩（约 24000 平方米），拥有 1225 英尺的跑道（约 373 米），下方由几十个半潜式浮体托起，浮体内设压载水舱，既能托举机场，又能保证机场甲板在风浪下保持平稳。甲板通过固定索与沉在海底的 1500 吨重的锚体相连。飘浮机场的甲板分为四层，上层是起降甲板（配有升降机）；第二层是通道和特等客舱，能为 100 名旅客提供食宿服务；第三层是机库，可容纳 50 架飞机；最底层是动力舱，为整个机场提供电力。按照阿姆斯特朗的构想，在美国和西班牙之间的大西洋洋面设置 5 座这样的飘浮机场，每个相距 3 飞行小时，这样横跨大西洋的飞机就能在这些机场降落，接受油水补给，躲避不良天气，休整完毕继续越洋之旅。这些飘浮机场还配有轮船一样的螺旋桨推进器和舵，能自行航行到需要的位置。看到这样的机场概念，大多数人都能联想到航空母舰，没错，看来阿姆斯特朗的确从航母那里获得过灵感。照片里机场模型甲板上标注的"兰利"（LANGLEY）字样便是证明——"兰利"是美国历史上第一艘航空母舰的名字。（*Spaarnestad 摄　图片来源　美国国家档案馆*）

1931
帝国大厦差点成为飞艇枢纽

如果不是因为 1937 年那团空中暴烈燃烧的火球，齐柏林飞艇就不会迅速退出历史舞台，人们对于那种优雅缓慢田园漫步似的远程飞行的热情，也就不会瞬间消退。至少在"兴登堡"号惨祸发生前，飞艇承载了人们对远程飞行所有奢侈的浪漫幻想。美国曾经打算在纽约一些高层建筑顶部都建造用于锚泊飞艇的锚泊塔。越洋飞行抵达这里的齐柏林飞艇，可以直接锚泊在高楼顶端，乘客们可以从飞艇前端离艇，经由铁塔上的电梯直接进入建筑内的豪华酒店。1931 年 4 月落成的帝国大厦，顶端就设计有 60 米高、能够锚泊大型飞艇的锚泊塔，当时人们认定具备远程飞行能力的飞艇将是越洋空运的未来。要在如此高耸入云的摩天大楼顶端的高塔上锚泊，巨大的飞艇需要精确地停靠在建筑物旁边，让尖端的锚泊机构与顶塔上带绞盘的锚泊系统对接并锁定。乘客们通过一个柔性廊桥从飞艇前端离艇，通过海关办理入关手续，然后乘坐电梯，在 7 分钟之后就能出现在曼哈顿的繁华大街上。尽管这一计划美妙无比，但高空强烈的气流却让飞艇驾驶员难以完成这样精确的锚泊对接。即便是成功锚泊在顶塔上，在 443 米高度上，强劲的风速会让飞艇如同旗帜一般随风飘摆，可能对飞艇结构造成严重损坏。1931 年 9 月，一艘小型飞艇曾短暂地在顶塔上停留了几分钟，这是这座锚泊顶塔唯一一次投入使用。两周后，一艘固特异软式飞艇在帝国大厦楼顶投下了一袋报纸，但此后大型飞艇锚泊计划宣告放弃。

103:—Empire State Building by Moonlight, New York.

1930 年发行的明信片，表现了齐柏林飞艇锚泊在帝国大厦顶端。不过这壮丽一幕从来没有真正出现过。

1931
高德隆混血自转旋翼机

　　我们说那些拍摄历史照片的摄影师值得尊敬，是因为他们按下快门留下的影像，往往让后人能为一观而惊讶、感叹。更令人感慨的是，在按下快门的瞬间，他们自己并不清楚，这些影像将成为一段历史研究的珍本甚至孤本档案。这张1931年拍摄的照片就具有这样的特质。画面上，一架在法国高德隆 C.193 基础上改造的自转旋翼机（注册号 F-AJSH）正在进行起飞试验。说它是自转旋翼机实际上尚有些勉强，因为它的升力部件——旋翼只是一副共轴螺旋桨，不具备调节升力方向功能。正因如此，航空史上把它定义为介于飞机和自转旋翼机之间的过渡产品，这一称呼倒是挺准确。非常值得注意的是，试验者为这次试验准备了精巧的试验设施，飞机被安放在铁轨上的一辆轨道车上，通过轨道车的前行速度模拟旋翼机的前行速度，当轨道车达到一定速度时，旋翼在迎面气流吹动下转速达到规定转数，旋翼机产生的升力就能抵消自身重力"升空"。这样的试验设备的优点在于，避免了旋翼机滑跑升空过程中发生故障导致损坏的可能。

1931
国会山上的旋翼机

　　1931 年 7 月 9 日，美利坚旋翼机公司飞行员詹姆斯·雷伊（James Ray）驾驶一架皮特凯恩 PCA-2 型旋翼机从华盛顿国会山东侧的空地升空，飞机的后座搭载着参议员希拉姆·宾厄姆（Hiram Bingham）——他要去附近的俱乐部打高尔夫球。这段航程如果坐汽车至少需要 1 小时，还得交通顺畅，如果坐飞机，只要 10 分钟就够了。这次公开的要员专机服务，既是高调的演示，更是鲜活的广告。（*原照现藏美国国会图书馆*）

CHINA NATIONAL AVIATION CORPORATION
(ESTABLISHED BY SPECIAL CHARTER OF THE NATIONAL GOVERNMENT)
7 HOURS BETWEEN SHANGHAI & HANKOW

Latest type Loening Amphibian Airyacht used. Spacious accommodation for six passengers and two pilots. Planes capable of landing on land or water. Flights follow river For further information rates and booking, apply to China National Aviation Corporation. offices as follows:—

NANKING	. .	HSI HWA MEN, Sze Tiao Hsiang	南京西華門四條巷
SHANGHAI	. .	112 SASSOON HOUSE	上海沙遜房子一一二號
HANKOW	. .	PING—HAN RAILWAY BUILDING	漢口平漢路局
KIUKIANG	. .	NANCHANG—KIUKIANG RAILWAY ADMINISTRATION	九江南潯路局

1930
7 个小时从上海到汉口

　　上图是一张 20 世纪 30 年代初中国航空公司（CNAC）的宣传册封面照，上面用英文醒目地标注着"7 Hours Between Shanghai & Hankow"，意即从上海到汉口只需 7 小时。当时中美合作的中国航空公司已经开通了从上海到汉口的邮政 / 客运航线，飞机主要使用洛宁（Loening）水上飞机，飞机在沿江平静水面起降，对于缺乏机场设施的中国较为实用。这张广告下方的说明文字是这样写的：航线使用美国洛宁公司最新水陆两栖飞机，宽敞的舱内空间可容纳 6 名乘客和两名飞行员。飞机可在陆地或水上着陆。航线沿河流前行。详情请咨询南京、上海、汉口和九江的中国航空公司办事处。

20 世纪 30 年代初拍摄的中国航空公司使用的"洛宁"水上飞机，请注意飞行员是聘请的外籍人士。

停泊在长江江面的林德伯格"天狼星"。

1931
林德伯格
在长江里翻了船

　　1931 年夏，在泛美航空公司老板胡安 · 特里普（Juan Trippe）支持下，林德伯格带上自己的妻子，驾驶一架洛克希德"天狼星"（Sirius）飞机从纽约长岛起飞，飞往阿拉斯加诺姆（Nome），然后从那里继续飞往西伯利亚、日本和中国。林德伯格和特里普一样，都对探索大圆航线有着浓厚的兴趣，这次从纽约出发自东向西的远程飞行就是一次探索行动。直到第二次世界大战后，林德伯格这次开辟的航线才投入商业使用。在中国，林德伯格承担了一项志愿工作，从空中对华中地区大洪水进行灾害调查与评估，以便协助救助灾民。此事后来被收入安妮撰写的《从北方到东方》。也就是在这次空中调查勘测行动中，林德伯格的"天狼星"在中国汉口长江水面发生了意外——飞机从英国航空母舰"赫尔墨斯"号甲板上向水面吊放时不幸发生了侧翻，一侧机翼撞到了船缆。受损的飞机只能送回美国维修，由此林德伯格 1931 年的勘测之旅也就此宣告结束。

1931

"汉诺" 在巴勒斯坦

20 世纪 30 年代，航空还是一种相当奢华的出行方式。那个年月的飞机的设计风格也迥异于今天。这张黑白上色照片表现的是一架英国帝国航空公司汉德利·佩季 HP.42 远程客机。该机注册号为 G-AAUD，命名为"汉诺"（Hanno）。照片拍摄于 1931 年 10 月，地点是巴勒斯坦太巴列（Tiberias）的赛马克机场（Semakh）。当时该机正运营在漫长的东方航线上。地勤人员正在准备用手摇泵为该机加注燃油，油罐车上壳牌石油的标志分外醒目。

1928 年设计的四发动机双翼客机——英国汉德利·佩季 HP.42 怎么看都很"另类"。该机是汉德利·佩季专为迎合英国帝国航空公司前往遥远的东方殖民地航线而设计制造的，它们和帝国航空那些大型水上飞机一道，成为英国远程航运的"水陆双璧"。

1930 年 11 月 14 日，HP.42 首飞成功，1931 年 5 月取得适航资质，同年 6 月开始商业运营。除了机翼、尾翼和后机身部分采用帆布蒙皮，主体结构全部采用金属。尾翼也是双翼设计，装有 3 片垂直安定面。动力系统是 4 台英国布里斯托尔 490 马力"木星"XIF 星形活塞发动机。发动机的安装位置颇为有趣，两台装在上翼，另外两台装在机身两侧，位于下翼上方。HP.42 的驾驶舱有了重大进步，采用封闭式设计。客舱分为前后两个独立部分。前舱可容纳 6 名乘客（后增至 12 人），后舱可乘坐 12 人。考虑到当时人们出行要携带很多行李，飞机还设有很大的行李舱。

HP.42 一共制造了 8 架，全部都以字母 H 开头命名，幸运的是在运营过程中没有出过任何致命事故，这在 20 世纪 30 年代算是相当难得的安全纪录。

1932
太阳下的罪恶

　　右页是一幅 1932 年伪满洲国满洲航空株式会社（以下简称满洲航空）印制的宣传画，现藏美国史密松尼基金会。画面前景为一架中岛许可制造的福克"超宇宙"旅客机，背景为满洲地区航路图，以伪满洲国红蓝白黑黄"国旗五色"作为边框。1931 年 9 月，在关东军支持下，日本航空运输株式会社（即后来的大日本航空株式会社）满洲分部在奉天（今沈阳）组织成立了满洲航空株式会社。次年伪满洲国成立后，为宣扬其独立色彩，公司又称"满洲国航空公司"，主要持股人是伪满政府、南满铁路株式会社和住友财团。满洲航空是准军事化航空企业，主要为日军提供运输和后勤保障以及邮运服务；其次才是承担一些民间客货运输和飞机包租业务。满洲航空以新京（今长春）为航路枢纽，向外辐射哈尔滨、佳木斯、吉林、沈阳、安东（今丹东）、锦州、承德、齐齐哈尔、海拉尔、大连以及朝鲜部分地区，构成规模可观的航路网。今天重温此图，每一个中国人都应体察日本军国主义的侵略罪恶。（*图片来源　美国史密松尼基金会*）

中岛 Ki-6 是许可制造版福克"超宇宙"。这是 1935 年拍摄于东京横田机场的 Ki-6。

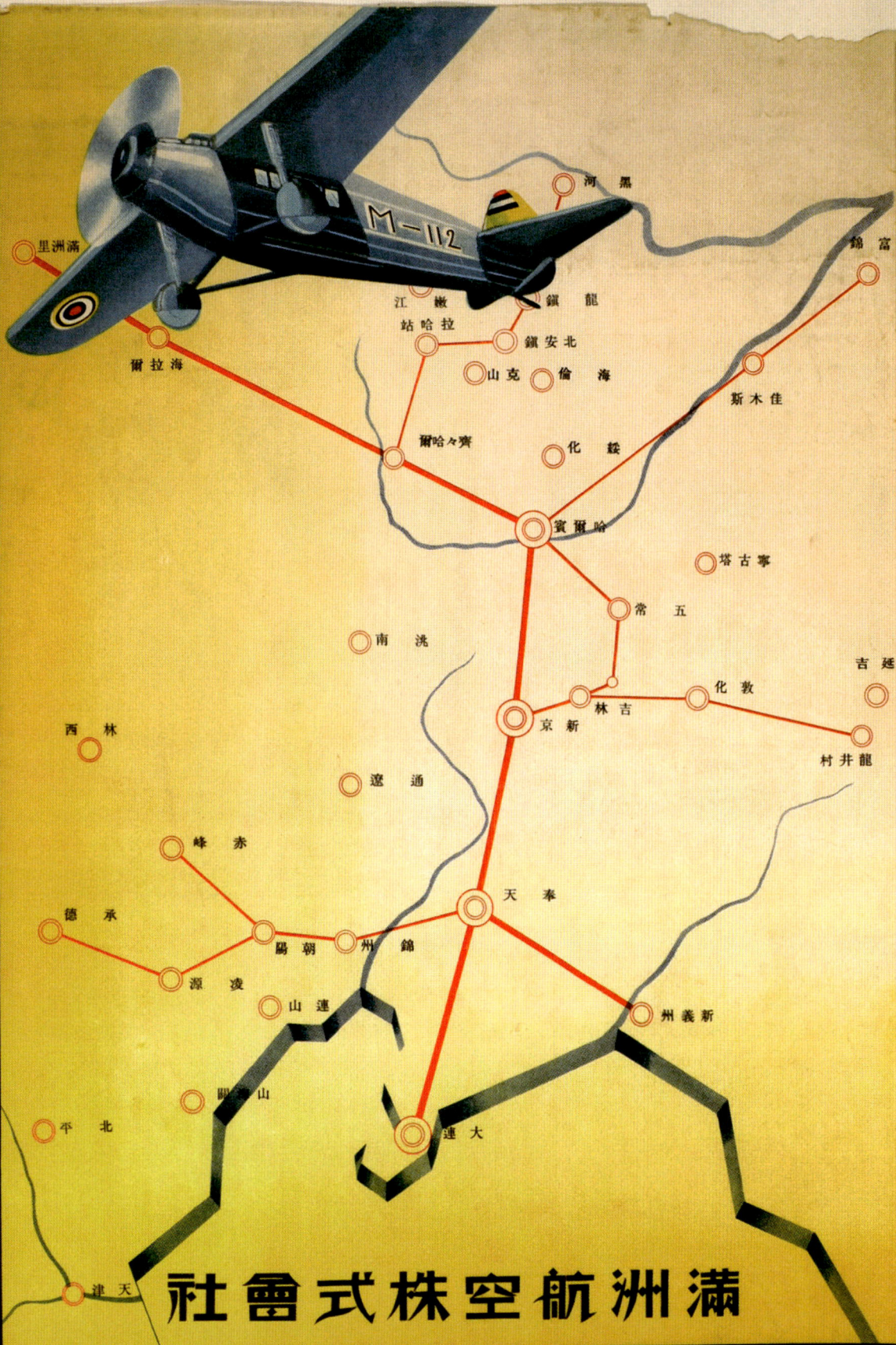

満洲航空株式會社

1933
维博 282-T 珍照

能看到这张照片已经不易，而辨认出其中的飞机，即便对于较为资深的航空迷也并非易事。照片上的这架飞机是法国维博公司生产的 12 座级旅客机——维博 282-T（Wibault 282-T）。该机是更早的 280-T 的发展型。1930 年首次飞行的维博 280-T 采用全金属下单翼布局，动力装置为 3 台 300 马力（224 千瓦）希斯帕诺 - 莱特 9Qa 星形活塞发动机，后来又更换成土地神 - 罗纳 7kd 发动机，成为维博 281-T。再后来发动机又换成了 350 马力（261 千瓦）土地神 - 罗纳 7kd，这就是图中这种维博 282-T——该型飞机一共只生产了 8 架，因而极为罕见。从机身上 Air Union 字样不难判断，该机隶属于法国联合航空公司（Air Union）。这家公司建立于 1923 年 1 月 1 日，最初由两家航空企业——航空邮运公司（Compagnie des Messageries Aériennes）和航空速运公司（Compagnie des Grands Express Aériens）合并组成，后来该公司又合并了另外 4 家航空公司，最终于 1933 年 10 月 7 日成为日后名满天下的法国载旗航空企业——法国航空公司（Air France）。1933 年时联合航空公司曾使用一些维博 282-T 执飞巴黎到伦敦的"金色飞剪"航班（Voile d'or/ Golden Clipper），闻名一时。这张照片另一个难得之处，是摄影师同时拍下了联合航空公司使用的独具法兰西特色的飞机牵引车—— 一辆雪铁龙 14P 半履带拖车。

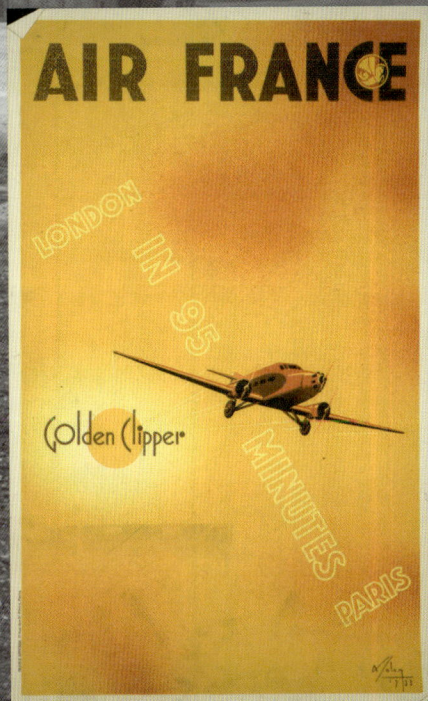

1933 年法国航空公司招贴。画面上是执飞伦敦和巴黎间"金色飞剪"航班的维博 282T。宣传词显示，搭乘"金色飞剪"从伦敦至巴黎仅需 95 分钟。

一群美女坐在机翼上放声歌唱，而且飞机螺旋桨还在飞速旋转！这一幕不是发生在天空里的真实场景，而是电影摄影棚里拍摄的剧照。这部片子距今已有 80 多年，它的名字叫《飞向里约》（Flying Down to Rio），是 1933 年美国拍摄的音乐歌舞电影——那时候美国有许多歌舞电影，势头比今天印度宝莱坞生猛多了。《飞向里约》是一部摆脱不了俗套的美式浪漫主义爱情片。片中，作曲家罗杰·邦德（Roger Bond）疯狂爱上了女歌手贝林哈（Belinha），为了爱情他一路追随美女到了巴西里约热内卢。片中曾有一个桥段，罗杰驾驶私人飞机搭载贝林哈前往里约热内卢。途中飞机出了故障，迫降在茫茫沙漠。入夜，两人相拥相伴，互吐衷肠，算是航空与爱情两种浪漫的完美结合。影片最后，罗杰准备为岳父新开业的酒店举办一场音乐歌舞表演，结果却被当地警察告知酒店没有娱乐经营许可证。望着天上掠过的飞机，罗杰灵机一动，把舞女们全都安排在机翼上，驾驶飞机飞上蓝天，在天空进行了一场精彩的歌舞秀。当然，关注点不应该只放在金发碧眼的美女们身上，还有那架道具飞机也同样值得关切。从外形上，这架单翼单引擎道具飞机，原型应该是一架费尔柴尔德公司（Fairchild）FC-2 多用途飞机，这种飞机当年名气颇大。1927 年 10 月 19 日，一架带水上浮筒的泛美航空公司 FC-2 进行了首次协议航空邮政运输服务。

（图片来源 www.imdb.com）

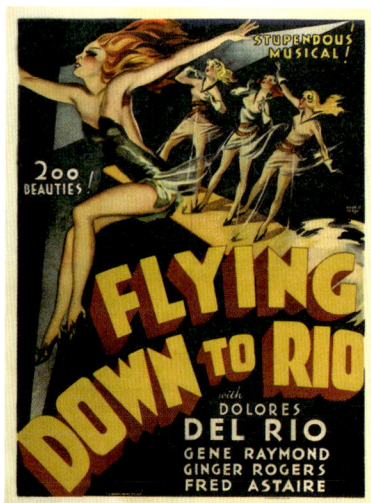

1933
飞向里约

《飞向里约》电影海报

FDR-ADV-97
NY.707-272

1934
川崎朝日 110

1934 年初，西方摄影师让·德·弗约德（Jean De Voyod）在不知名的某处拍下了这张照片。这是一张难得一见的照片，记录了日本《朝日新闻》（Asashi Shimbun）命名的"朝日 110 号"川崎 C-5 远程通信飞机（注册号 J-BBEA）——川崎公司内部代号 KDC-5 完工初期的状态。川崎 C-5 是应 1933 年 6 月日本《朝日新闻》提出的远程通信飞机需求研制的，负责研制工作的是当时在川崎主持技术工作的著名德国设计师理查德·沃格特（Richard Vogt）博士。川崎 C-5 以川崎 Ki-5 战斗机为基础，放大了外形尺寸，乘员 2—3 人，翼展 13.42 米，机长 9.13 米，机高 2.6 米，空重 1725 公斤，起飞重量 2860 公斤。动力系统为一台 600 马力宝马 V12 液冷发动机，最大速度 335 公里 / 小时，巡航速度 250 公里 / 小时，最大航程 2000 公里。1934 年 2 月制造完成时，该机是当时日本航程最远、速度最快的民用飞机。原本川崎还打算在 C-5 基础上开发一种带可收放起落架的旅客机 C-6，但该计划随着日本发动太平洋战争而未能施行。而这架川崎 C-5 也没能风光太久——1935 年 11 月在中国东北坠毁。

1934
安特-6造访克拉科夫

　　1934年8月，两架苏联大飞机翩然降落在波兰古都克拉科夫（Krakow），虽然它们都涂着民用飞机注册号（其中一架为URSS-2272），但不能掩盖它的真实身份，这是图波列夫安特-6型飞机——TB-3重型轰炸机的民用型。此时，欧洲还是一片和平气氛，它们飞临克拉科夫的确怀着美好的理想：苏联打算用安特-6投入连接莫斯科和欧洲遥远地区的远程民用运输航线。

　　TB-3在1925年开始研制，1930年首次飞行，当

时它在世界范围内创下了一项第一——世界上第一种悬臂式4发动机重型轰炸机。虽然该机的整体设计并不能算先进，但它体现了苏联红军对远程战略轰炸理念的重视。苏联确实曾准备批量制造TB-3的民用型安特-6，但未等到大批量投身民用航空运输事业，第二次世界大战便已经爆发。图波列夫只能全力生产TB-3——尽管战争爆发时它的设计已经落后。

Radziłowski Andruszan Lufthansa, sygn. ŁW 6882-3

Radziłowski Andruszan Lufthansa, sygn. ŁW 6882-1

1934
福克与气流

1934 年 8 月 27 日，在荷兰某机场，摄影师抓拍了这张照片。照片里的人物是荷兰航空达人，也是名震世界的航空制造业大佬安东尼·福克（Anthony Fokker）。旁边的轿车，是他的私人座车——美国克莱斯勒刚刚推出的"气流"CU（Airflow）。

翻看一下汽车工业史，你会发现克莱斯勒"气流"的地位绝对不可小觑——它是美国最早采用流线型设计的全尺寸轿车之一，从前端到轿厢造型流畅浑圆，外观可人。早在研制"气流"之前，克莱斯勒的工程技术人员就在奥维尔·莱特（Orville Wright）的协助下，进行了一系列风洞试验，目的就是为了探明自然界哪种外形对于汽车最为合适。克莱斯勒为此甚至专门建造了风洞，到 1930 年至少测试了 50 种缩比模型。在这些基础研究下，克莱斯勒 1934 年推出的"气流"轿车充分利用了试验成果：发动机舱和轿厢采用流线型融合设计，连散热器格栅都被设计成纵向流瀑状，两块风挡玻璃也呈 V 形布置，以今天的观点看算是十分养眼。除了外形，"气流"还在全车布局方面做了大胆创新性改进，全部载重被均匀分配到前后轴之间，整车载荷重心下移，大大提高了平稳性和操控性。如此的创新设计技术对"气流"的生产制造工艺提出极为苛刻的要求，克莱斯勒制造厂根本没有对此做好充分准备，以至于首批出厂的几千辆车质量缺陷如鬼魅缠身，其中最麻烦的是在 130 公里/小时速度下，发动机会在安装架上震松！更麻烦的还在后头：在世界经济大萧条背景下，如此标新立异的设计让消费者难以接受。在一片灰暗的气氛中，习惯了传统方头方脑、轿厢高耸、风挡直立的轿车形象的人们看到如此浑圆一体的新锐造型，会认为缺少显赫的特征。毕竟在八十多年前，买辆汽车还是一件蛮奢侈的事情。结果，在美国汽车工业史书写创新一笔的"气

流"最终没能获得商业成功，该车的总销量与那些传统经典车型相比，只能算九牛一毛。然而某些具有创新眼光的人，还是能够感受到"气流"内在的科技和精神气质，毕竟他们不是普罗大众，他们了解创新与传统不可避免要经历的博弈乃至敌对关系。这些人中，就包括照片中这位曾经发明过人类历史上最早成功的机枪射击协调器的工程巨擘——安东尼·福克。

照片背景中的飞机不能不提。这架壮硕的 4 发动机客机是福克公司 1934 年 6 月 22 日首飞的福克 F.XXXVI（注册号 PH-AJA），是福克公司向大飞机的一次冲刺。秉

承福克的一贯传统，该机机翼采用全木质结构，机身则是钢管结构外加帆布蒙皮。机翼上安装4台美国莱特"龙卷风"活塞星形发动机，机舱内可搭载4名机组和32名乘客。虽然福克公司工程技术人员付出了不小的努力，特别在客舱降噪方面取得了不小的成绩，乘客们在进入巡航后完全可以用平常声调聊天谈话，但F.XXXVI诞生在全金属客机横行天下的前夜，不能不说是一个遗憾。

这架F.XXXVI被交付给荷兰皇家航空，1935年起投入欧洲航线。该机虽然载客量不小，但航程和维护性都无法企及全金属的美国道格拉斯DC-2/DC-3。最终这架

PH-AJA号机成为唯一的一架F.XXXVI。

反观这张拍摄于1934年的旧照，福克先生和他的两件钟爱之物——克莱斯勒"气流"和福克F.XXXVI，两者最终竟然都没有在商业市场上赢得成功的标签，这也许是一种巧合，但不会影响创新者们的历史地位。因为，创新的历史就是在无数失败者不断试错中逶迤前行的。就像习近平总书记说的那样，"创新从来都是九死一生"，但我们永远都需要创新者，尊敬创新者，无论成功与失败，他们的勇气和精神，配得上可敬二字。

1934
"海豚"飞掠外白渡桥

1930 年 7 月，中国交通部与柯蒂斯 - 赖特公司签订新合同，联合组建中国航空公司（China National Aviation Corporation），交通部持股 55%，美方持股 45%。公司有经营权的航线有：上海—南京、汉口—重庆、天津—北平、汕头—广州等航线，并享有这些航线 10 年的独占航邮权。1931 年 4 月中国航空公司开通上海—北平航班，10 月开通宜昌—重庆航班。图为 1934 年 10 月中国航空公司从美国购买的道格拉斯"海豚"水上飞机在上海上空试飞，背景中的白色大楼为百老汇大厦，大楼前方即为著名的外白渡桥。

1934
红色苏联闪亮巴黎

如果能穿越到 1934 年 11 月,我们就能在巴黎大皇宫举办的巴黎航展现场看到当时航空科技的突飞猛进与各国之间的明争暗斗。这张照片是当年巴黎航展俄罗斯展台的特写,是从略高的位置斜向俯视拍摄的。照片中能看到同温层高空气球的吊舱模型和一架飞机。这具同温层气球由苏联红军第 4 气球中队军官高尔基·普罗科菲耶夫(Georgy Prokofiev)指挥,与来自橡胶工厂的勇敢工程师康斯坦丁·古德诺夫(Konstantin Godunov)和飞行员埃利斯特·波恩鲍姆(Erist Birnbaum)一道,在 1933 年 9 月 30 日创下了 19000 米的气球飞行高度纪录。背景中那架飞机名气也不小,它是波利卡波夫设计局研制的 R-5 侦察机,1928 年首飞,是苏联红军当时中号的侦察机和轻型轰炸机,曾参加过卫国战争,总产量接近 7000 架。这架机身编号 1449 的 R-5 来头不小,它曾参加过 1934 年对北极探险船"切留什金"的营救行动,这从它安装的雪地滑橇就能看出。在 R-5 的正前方,是一架拥有 8 台发动机的图波列夫安特 -4 重型运输机大比例模型。安特 -4 在 6 个月前的 1934 年 5 月 19 日刚刚首飞,最大起飞重量达 53 吨,是当时世界上最大的飞机之一。模型边上的大轮胎,估计就属于这个巨无霸。

1934

巴黎航展上的容克三发

1934 年 11 月巴黎航展室内展厅一瞥。画面中占据主要位置的飞机,是一架德国容克公司出品的 Ju 52 三发运输机。使用三台发动机而不是两台发动机,是当时人们认为最可靠安全的民用客机动力系统配置方案,万一有一台发动机坏了,还有两台发动机呢! 如果只有两台发动机,坏掉一台的话,动力一下子就会损失一半——当时活塞航空发动机功率偏低也是个事实。这架注册号 D-AQAR 的 Ju 52/3M 运输机是容克公司刚刚竣工的新飞机,飞机侧面搭起了步道可供观众登上飞机进入客舱参观。这种暖心的安排直到今天仍在世界级航展上沿用。一年后的 1935 年,这架飞机被交付给德国汉莎航空公司,像古代航船一样,这架飞机也有自己的名字——沃尔特·霍恩多夫(Walter Hohndorf)。此人是德国早期杰出飞行员、试飞员兼飞机设计师和飞行教官,同时还是第一次世界大战中的德国王牌飞行员,曾击落过 12 架敌机。霍恩多夫中尉最值得骄傲的事实是,他的 12 个战果中只有一个是在战斗机中队取得的,其余 11 个都是他在火炮校射和侦察部队时取得的,真可谓艺高人胆大,搂草打兔子。

喜欢飞机的朋友可能发现这架 Ju 52 与我们在历史资料中看到的其他 "容克大婶" 不大一样,除了拥有两个硕大的浮筒,这架飞机的发动机也不是常见的星形活塞发动机。没错,这架飞机使用的是容克尤莫 205C-3 直列 6 缸活塞发动机,后来中央发动机又被换成了尤莫 206A。尤莫 205/206 是最早也是最为成功的航空用柴油活塞发动机,总产量并不算大,但在航空动力历史上地位不低。在图中 Ju 52 的尾部下方,就能看到展商陈列的尤莫 205C-3 实物。

1934
第纳基的水上机场蓝本

一位摄影师居高临下拍摄的一座机场，1934 年。这座机场是美国泛美航空公司位于佛罗里达州迈阿密 (Miami) 的机场，而且还是一座水上飞机场。这座建成刚刚一年、位于第纳基（Dinner Key）的泛美机场是世界上最大最现代的水上飞机场，也堪称当时世界上规划最为成功的机场设施。创新性的布局方式和科学设计使得机场的交通管理十分方便。这座机场可以同时接驳 4 架水上飞机，过去还从未有过一个机场拥有如此能力。从这张照片上可以看到，第纳基机场拥有维修和存放飞机用的大型机库。照片中左侧水域与堤岸交

界处设有滑道，便于水上飞机下水和上岸。候机楼后方有庞大的停车场，公路设施也很发达。更为难得的是，这张照片中有多架型号各异的水上飞机，俨然就是美国当时水上飞机商业运营的一个缩影：停放机场左侧水面的是一架西科斯基 S-42 四发动机水上飞机（载客 37 人，总计制造 10 架）；右侧水面的是一架联合飞机公司"海军准将"（Commodore）双发动机水上飞机（载客 22 人，总计制造 14 架）。远处机库门口处还能看到一架西科斯基 S-40（载客 38 人，总计制造 3 架）和一架 S-42；照片左侧停机位上能看到一架西科斯基 S-43"小飞剪"（较近，载客 19 人，制造 53 架）和西科斯基 S-38（载客 8 人，总计建造 101 架）。

作为美国最为繁忙的商用水上飞机场，第纳基被称作"美利坚的航空之门"（Air Gateway Between the Americas）。随后在巴西里约热内卢、美国纽约和旧金山兴建的水上飞机场都以第纳基机场为参考蓝本。水上飞机基地的兴建也标志着美国国会河港委员会（Congressional Rivers and Harbor Committee）首次专门为航空运输活动批准拨款疏浚河道。此外，第纳基机场的出现和发展标志着美国航空史上一家航空公司首次被划给一块区域用于起降作业。这一机场的运作经验也为后来各航空企业着陆标准程序的建立提供了参考范例。

1935

鸟瞰足总杯

这张照片拍摄于 1935 年。这一年 4 月 27 日，伦敦温布利公园（Wembley Park）的温布利体育场（也被称作帝国体育场）英格兰足总杯决赛盛大开赛。比赛过程中，一架自转旋翼机飞越体育场上空，为这次比赛留下了难得的航空影像。这架英国阿弗罗公司（A. V. Roe）制造的席尔瓦 C30 型自转旋翼机（注册号 G-ACIO）可不是为了玩儿票，而是苏格兰场伦敦都市警察厅专门派来监视球场内外云集的人群动向的。当然，这张照片是从另外一架伴飞的飞机上拍摄的。当日比赛中，谢菲尔德星期三队（Sheffield Wednesday）以 4 比 2 击败西布罗姆维奇阿尔本队（West Bromwich Albion）赢得冠军。（原照藏于英国遗产档案馆）

1935
帝国元帅飞抵布达佩斯

　　1935 年 5 月，纳粹德国空军司令、帝国元帅赫尔曼·戈林乘坐容克 Ju 52 运输机飞抵匈牙利布达佩斯。这张照片留下了戈林专机的难得影像。从照片上看，这架 Ju 52 后机身侧面涂有注册号 D-AGUK，前机身侧面涂有德文 Deutsche Lufthansa 字样，说明该机隶属德意志汉莎航空。在公司名称下方还有一行小字 Manfred von Richthofen，这是该机特别的命名"曼弗雷德·冯·里希特豪芬"——此人是"一战"时期德国著名空中王牌飞行员，拥有 80 个击落战果，也是戈林的战友和朋友。虽然是张黑白照片，但是这张照片在航空史和战争史上仍然颇为珍贵，因为它记录了帝国元帅飞机与众不同的涂装格调：照片上的暗色部分是明红色，浅色部分是银灰色，机翼以展向斜向分割，后缘襟翼采用了纵向红色 / 银灰色条纹装饰。红色的涂装反映了帝国元帅戈林的审美格调，但更为深

层次的原因可能是表现了戈林对于"一战"时期自己在第 1 联队那段燃情岁月的回望——该部涂装曾以红色作为标识色，中队长机采用大面积红色。档案显示，戈林曾拥有过 3 架红色涂装的 Ju 52 专机，全部都命名为"曼弗雷德·冯·里希特豪芬"。3 架飞机中第一架注册号为 D-2527/D-AGUK，1933 年首飞，命名为"曼弗雷德·冯·里希特豪芬"，在为戈林短暂服役 2 年后，该机于 1935 年 9 月返还汉莎航空，恢复汉莎标准涂装，更名为"库尔特·伍尔夫"（Kurt Wolff）。第二架注册号为 D-ABIK，1937 年起命名为"曼弗雷德·冯·里希特豪芬 I"。第三架注册号为 D-ABAQ，1935 年 2 月 22 日投入使用。1937 年起命名为"曼弗雷德·冯·里希特豪芬 II"，于 1943 年 1 月 9 日在斯大林格勒附近坠毁。

(0536-1595N-6)(11-29-35-3:50P)(12-500) "CHINA CLIPPER" MOORED TO P.A.A. LANDING STAGE MANILA
TRANS-PACIFIC FLIGHT NOV. 29, 1935.

TER COMPLETION OF FIRST

1935
中国飞剪到马尼拉

　　1935 年 11 月 29 日，泛美航空马丁 M-130"中国飞剪"（rn NC-14716）刚刚结束了首次跨太平洋飞行，抵达菲律宾马尼拉港的泛美航空驻泊浮船坞。20 世纪 30 年代是水上飞机的黄金时期，那时候人们要用大型水上飞机解决跨大洋远程飞行问题——通过在大洋上的岛屿设立补给站，让水上飞机水上着陆接受补给和维护，再从水上起飞继续完成越洋航班。"二战"时水上飞机获得了极大应用，主要是用于水上搜救和反潜护航。今天远程越洋飞行对于陆基飞机不再是 Mission Impossible，水上飞机属于应用范围有限的特种装备，但是中国作为一个海疆辽阔岛屿众多的大国，没有水上飞机，就没有充分的应急选择权。

1936
波泰兹魅族

1936 年拍摄的法国航空波泰兹 62 型民用客机。1935 年首飞的波泰兹 62 是一种上单翼双发运输机，木制机身外覆复合材料蒙皮，机翼大部采用帆布蒙皮，前缘则是金属蒙皮。动力装置是两台 870 马力"土地神"星形 14 缸活塞发动机，发动机安装在机身两侧的吊架上，吊架与机身和机翼相连接。波泰兹 62 客舱分为两部分，可以容纳 14—16 名乘客。法航 1936 年订购的波泰兹 62，安装的是希斯帕诺 - 苏萨 V 发动机，曾被用于巴黎—伦敦航线。图中这架波泰兹 62 前机身除了带有法航经典的带翼海马（过去笔者一直以为是狮鹫），还写着法文 Seduisante。这是这架飞机的名字，翻译成中文应该是"魅力"或是"诱人"。如果按照现在时尚电子产品命名方式，也许翻译成"魅族"更接地气。照片中"魅族"背景中那架飞机与之同年首飞，它是真正强劲的对手——道格拉斯 DC-3。30 年代几乎所有的客机在面对 DC-3 时都难免发出"既生瑜何生亮"的叹惋。

1936
上海落成飞机楼

　　1933 年 1 月 1 日，上海成立航空协会，提倡发展航空事业，研究航空科技，增强航空救国意识，建设航空工业。当时日本已经发动"九一八"事变，在占领中国东北全境后正在华北等地不断加强进攻。为达到挽救危亡、洗刷国耻的目的，航空协会先后发动两次募捐行动，号召民众捐款购置飞机，抵御外辱。

　　1935 年上海航空协会利用从民间筹集的 10 万元资金，在当时市中心博物馆（今第二军医大学）旁征地 10 亩兴建会所及陈列馆。这座建筑由著名设计师董大酉担纲设计，久泰锦记营造厂承建，以 30 年代双翼飞机俯视造型为灵感，外形颇似展翅欲飞的飞机。1936 年春，大楼落成。这便是中国航空史上著名的"飞机楼"。大楼的前部为"机首"和"主翼"，高三层。机首底层为会客室，循扶梯盘旋而上，可达顶层。顶层为纪念堂，内有圆形环

墙，嵌以黑色大理石。外部参照北京天坛"圜丘坛"设计，分三层祭台，内层满地用石倍数均依"九"增减，颇似"小天坛"。祭台顶部正中镶着一块蓝色玻璃，阳光透过玻璃直射大厅。前翼的一二层为航空陈列馆和航空图书馆。第二部分由机身和尾翼组成，高二层，多为航空协会的办公室。穿过机舱走道，便达二层高的尾翼。尾翼上镶有"中国航空协会"字样。这张弥足珍贵的照片，便是飞机楼落成当年所摄，记录了当年飞机楼的诸多历史特征。照片中的飞机楼气宇不凡，正面上方"航空协会"四个字历历在目。最为有趣的是，前部右侧居然有一座雕刻精湛的石马。从工艺上看似明代工艺，当属古墓石像生之列。这显然不是飞机楼的固有附属物，究竟是飞机楼附近原有古代墓葬神道建筑，还是从别处搬迁至此作为装饰，现已不得而知。抗战之后直至新中国成立，飞机楼已经淹没于历史之中，直到1991年才被人发现，其历史价值逐步为外界所知。1993年，飞机楼得到妥善修复，如今成为重要历史文化建筑，向人们讲述那段中国人寄望航空振兴国家的历史。

1936
艾米莉亚和她的环球座驾

1936 年 9 月 20 日，艾米莉亚·埃尔哈特（Amelia Earhart 1897—1937）坐在自己的洛克希德"伊莱克特拉"飞机上，和前面列成一排的普渡大学女学生合影。艾米莉亚是美国历史上最为著名的女飞行家，也是第一个单人飞越大西洋的女性。1932 年 5 月 20 日，艾米莉亚驾驶一架洛克希德"织女星"5B 单引擎飞机从纽芬兰起飞，她的目的地是巴黎——她要像 5 年前林德伯格那样单人飞越大西洋。艾米莉亚的运气没有林德伯格好，她始终在与强劲的北风、结冰和机械问题搏斗。飞行 14 小时 56 分钟后，她降落在北爱尔兰德里北部。当地人惊奇地看着这架突然来临的飞机，问她"从哪儿飞来"，艾米莉亚回答说，"美国"。作为单人飞越大西洋的首位女性，艾米莉亚获得了美国政府颁发的优异飞行十字勋章、美国国家地理学会金质奖章，以及法国政府颁发的荣誉军团骑士十字勋章。艾米莉亚的一生几乎是完美传奇，她钟爱飞行，创下过多项飞行纪录；写作过好几本关于自己飞行亲历的畅销书；热衷时尚，亲自设计服装并做成了产业；她还善于社会活动，参与创办了国际性女飞行员组织——九十九协会。

1935 年，艾米莉亚受聘成为普渡大学客座教师，负责教授学生们航空工程知识。1937 年，艾米莉亚准备完成一次前所未有的女性远航壮举——环球飞行。她的座机是普渡大学出资购置的洛克希德 10-E"伊莱克特拉"双引擎飞机。1937 年 6 月 1 日，艾米莉亚驾机从迈阿密出发开始远征，飞行一直都很顺利，然而就在距离终点已经不远时，艾米莉亚和她的领航员弗莱德·努南（Fred Noonan）却在霍兰岛附近的中太平洋海域失踪，时间是 7 月 2 日。这张照片，就拍摄于这架准备环球飞行的"伊莱克特拉"改装完成后。

1937
瑞士航空的柴油容克

    1937 年停放在杜本多夫机场的瑞士航空容克 Ju.86 客机,注册号为 HB-IXE,机首侧面绘有抽象的兀鹫状腰线,动感十足。瑞士航空曾经使用过 2 架容克 Ju.86,而且使用过程颇为波折。第一架 Ju.86B-0(HB-IXI)于 1936 年 5 月 7 日交付,同年 8 月 12 日因着陆事故损坏,返厂维修。第二架 Ju.86B-1(HB-IXE)于 1937 年 3 月 16 日作为替代品交付瑞士航空。这两架 Ju.86 都是柴油动力

型,但是这两架飞机的柴油发动机经常在短途航空运输中发生故障,没法子,最后只能在 1938 年 11 月返回容克公司换装宝马汽油星形发动机。1939 年 2 月 5 日,换装发动机完毕的 HB-IXE 返回瑞士航空,被重新命名为容克 Ju.86Z-11,注册号也变更为 HB-IXA。然而好景不长,这架飞机在 7 月 20 日坠毁,两名机组人员和 4 名乘客全部丧生。

　　1937年11月14日,英国克罗伊顿机场(Croydon)上,一架外形优美的双发飞机正在做起飞准备。这架飞机是英国德哈维兰公司研制的DH.88"彗星"(Comet)双发双座竞赛飞机,最为引人注目的是,这架飞机机身侧面写着"Burberry"字样,这是鼎鼎大名的时尚品牌,中国人通常称之为"博佰利",就是那个时尚男女趋之若鹜的奢侈品牌——当年就是这个品牌创制了"一战"英军官兵喜爱的华达呢"堑壕风衣"。这架飞机之所以如此命名,是因为博佰利赞助了这架飞机的远航行动。除了飞机上标有博佰利的品牌名称,驾驶该机的两名飞行员亚瑟·埃德蒙德·克劳斯顿(Arthur Edmond Clouston)和贝蒂·基尔比·格林(Betty Kirby-Green)均身着博佰利精心制作的飞行服,大大的骑士标志缀于左胸前。这架飞机即将展开的远航,是从英国伦敦到南非开普敦的漫漫征程。11月14日起飞后,"博佰利"最终于11月16日抵达开普敦,总航程7200英里(11600公里),耗时45小时2分钟;11月18日"博佰利"开始返航,经过57小时23分钟飞行后于20日抵达伦敦。一去一回都创下了新的飞行纪录。在德哈维兰历史上,曾研制过两种以"彗星"命名的飞机:其一是DH.88"彗星"竞赛飞机;其二是1949年首飞的DH.106"彗星"喷气式客机。两颗"彗星",都在航空史上留下了耀眼的星光。

1937
"彗星"之前的"彗星"

1930s
意大利的唯一

　　这组看似平常的照片却极其稀罕与珍贵。虽然无法准确判定拍摄时间，但应该是在 1937 年至 1939 年间。之所以说照片稀罕，是因为图中这架飞机仅有一架原型机，注册号 I-SIAI，也就是照片上飞临瑞士杜本多夫机场这架。它就是意大利萨沃亚·马切蒂公司在 1936 年研制成功的 S.84 旅客机，也是"二战"前意大利希望能够用一款国货客机与美国畅销品道格拉斯 DC-2 竞争、建立起以国货为中坚的遍布意大利及其海外属地航空网络的"雄心壮志"的一次闪光。该机是以 SM.73 三发飞机为基础改进研制而成的，可载客 18 人，不过两台发动机却是法国货——土地神公司的"罗纳"14Krsd 型 900 马力（670 千瓦）14 缸气冷星形活塞发动机。最大飞行速度 354 公里 / 小时，巡航速度 315 公里 / 小时，实用升限 7798 米。意大利人到底在设计上表现出了一些超凡脱俗，该机在客舱地板下设有行李舱，与今天大型喷气式客机非常相似。也正因如此，从外观上，该机的肚皮似乎低垂了一些。遗憾的是，一方面意大利在客机技术上尚有弱项——主要是航空发动机；另一方面墨索里尼政府很快把全部航空工业都调动起来从事战争准备，客机项目自然推迟，S.84 也就此落寞。

1938
大飞机背上小飞机

现代飞机远程越洋航行已经不是难题，但在 20 世纪 30 年代，却是件伤脑筋的事儿。早在 1932 年，英国帝国航空公司技术总经理罗伯特·梅欧（Robert H. Mayo）就试图解决这个问题，他发现，最大商载的运输机加满燃油后，一般无法自行起飞，那么能不能换个方法解决这一问题呢？如果能有什么方法在起飞阶段为飞机提供额外的动力和机翼面积，显然能够解决起飞问题，而在起飞后如果取消这些额外设备，又能减少飞机的负担，岂不两全其美？正是基于这种考虑，梅欧提出了组合式飞机概念，即由一架动力强劲的大型载机背负着运输机实现起飞，在高空放飞运输机，随后载机返场降落，运输机则飞往目标。

梅欧后来进入肖特兄弟飞机公司担任设计师，他开始积极尝试完成这一设计构想。经过研究，肖特公司在原有的"帝国"大型水上飞机设计的基础上，改进研制出肖特 S.21"昂宿星"（Maia，注册号 G-ADHK），在其背部加装了连接支架，上面可以背负一架肖特 S.20"水星"（注册号 G-ADHJ）水上飞机。

这种复合体飞机起飞时，全部 8 台发动机一起工作，但"水星"的操纵机构被锁定，飞行由下方"昂宿星"飞行员负责。连接—分离机构也设计得十分巧妙。分离机构有三套解锁装置，一套是弹簧驱动的卡锁装置，只有在两机分离拉力达到一定程度时才会解锁。分离前，两机飞行员可以通过电话保持联络，分离后，"水星"飞行员不必拉升，飞机就会自动上升，而"昂宿星"则自动下降返场。

1938 年 2 月 6 日，复合体飞机尝试首次空中分离实验，取得了成功。1938 年 7 月 21 日，这架外形怪异的复合体飞机从爱尔兰西海岸的福因斯出发，直飞加拿大蒙特利尔布谢维尔，总航程 4714 公里。此后帝国航空继续运营这架复合体式远程飞机，其中"水星"在 1938 年 12 月飞抵埃及亚历山大。在对"水星"进行增程化改进后，1938 年 10 月 6 日到 8 日，"水星"从苏格兰敦提起飞直飞南非亚历山大湾，创下了 9726.4 公里的水上飞机航程纪录。

随着载重更大、航程更远的运输机的出现，复合体这种复杂有余、裨益不足的解决方案渐渐遇冷，肖特公司只制造了一架复合体，孤独地在帝国航空公司服役。1941年5月11日，"昂宿星"在英格兰普尔港被德国轰炸机炸毁。不久"水星"也被征用成为皇家空军侦察部队装备。在该中队换装美制洛克希德"哈德逊"之后，"水星"于1941年8月9日还给了肖特公司，没有了载机的"水星"自然无所作为，最后被肖特公司拆解。

1938
容克巨无霸飞临杜本多夫

　　1938 年前后，瑞士航空公司一架客机从空中拍下了这张珍贵照片：一架巨大的波纹铝包覆的翼身融合客机，正在苏黎世杜本多夫机场接近着陆。这架机翼上涂有 D-2500 字样的飞机，是当时世界上最大的陆基商用飞机之一——德国汉莎航空公司（DLH）容克 G.38。容克 G.38 于 1929 年 11 月 6 日首飞，D-2500 是第二架也是最后一架 G.38，被命名为"冯·兴登堡元帅号"。D-2500 号 G.38 可载客 34 人，每侧机翼根部前缘坐 3 人且设有前向舷窗，其余乘客分上下两层坐在机身内部。1939 年"二战"爆发后，该机被军方征用，成为空军专职运输机。1941 年 5 月 17 日，这架体型巨大的波纹铝豪杰在英国皇家空军发起的一次空袭中被摧毁。

1938
问候霍华德·休斯

　　这组从空中拍摄的照片记录了一次大人物的远航壮举：1938 年 7 月 14 日，美国飞行大佬霍华德·休斯（Howard Hughes）的洛克希德 14-N2 "超级伊莱克特拉"（注册号 NX-18973）停在纽约弗洛伊德 - 本内特机场（Floyd Bennett Field）的管制大楼前。一大群市民聚集在飞机周围争相向休斯表示祝贺——此时他刚刚完成一次环球飞行（1938 年 7 月 10 日出发）。

1930s
陆空两栖型警察

这张照片十分有趣，也十分难得。20 世纪 30 年代后期，美国密歇根警察署聘请摄影师特地拍摄了这张照片作为官方宣传照，旨在告诉老百姓，密歇根警察已经实现了陆空两栖装备化。为此警署特地将三款典型的警用交通工具集合在一起，留下了这张难得的照片。画面最左侧是一架史汀生 SR-9 "信赖" 单翼巡逻机；中间是州警察的 1937 款福特巡逻车；最右侧的那辆警用摩托车想必逃不过摩托车迷的眼睛，没错，那是一辆超级经典的哈雷 - 戴维森 EL61 型 V 形双缸摩托车，排量 989 毫升，最高时速 113 公里 / 小时，骑着它巡逻，那是相当拉风。追求政府公务的效率，要求警察这样的勤务部门采用各种高技术装备，交通工具自然同样要求高效。更重要的是，飞机的装备改变了警察执行公务的维度，大大提高了执勤效率。从 20 世纪 30 年代初起，航空化就已经成为美国警察的发展趋势。

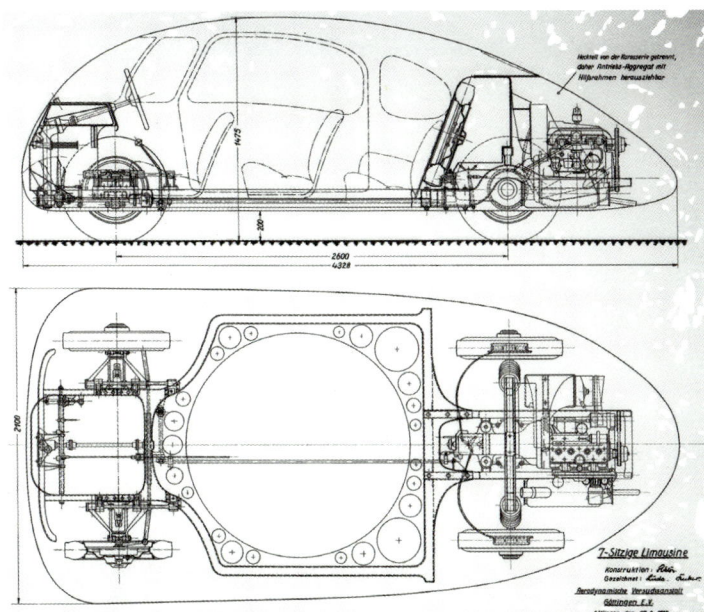

这张"哥廷根之蛋"设计图清楚表现了底盘和动力的布局，这是梅赛德斯-奔驰 170H 的基本设计。

1939
"哥廷根之蛋"

  1939 年德国柏林汽车展上，德国公开了一种外形奇特的汽车。这辆名为施洛尔汽车（Schlorwagen）的实验型汽车外形浑圆修长，颇像一颗下部被压扁且拉长的泪滴。正因如此，许多新闻媒体和民众干脆按照这辆车的出生地给它起了个绰号"哥廷根之蛋"。

  早在 1936 年，德国哥廷根空气动力学研究所的工程师卡尔·施洛尔（Karl Schlor）就开始研究空气动力学减阻理论，他决定根据自己的研究成果研制一种更能体现德意志工业成就的低阻流线型汽车。施洛尔选择了一辆 38 马力的梅赛德斯-奔驰 170H 轿车作为基础平台，根据机翼剖面的设计灵感，重新设计了汽车的外形。在拉长车体的同时，把车窗玻璃全部设计成弧面，与汽车外形完美融合成一体，显著减少了阻力。宽约 7 英尺（约 2.1 米），比第一代悍马略窄，设有 3 排座椅，可乘 7 人。德国空气动力研究所的后继者——如今的德国航空研究中心（DLR）研究人员评价说，"施洛尔汽车"就是一副"装在轮子上的机翼"。测试中，"哥廷根之蛋"跑出了不错的成绩。标准的梅赛德斯-奔驰 170H 的最高时速为 104 公里/小时，而这枚蛋使用同样的发动机却跑到了 135 公里/小时。"哥廷根之蛋"跑完 100 公里耗油仅 8 公升，比原来降低了 20% ~ 35%。其阻力系数仅为 0.15，即便在今天也算出色。

1939
雪地巡航者

　　这辆外形雄伟的怪异车辆名叫"雪地巡航者"（Snow Cruiser），它的设计者是芝加哥装甲技术研究所的托马斯·普尔特博士（Dr. Thomas Poulter）。研制这辆车的目的，是为了满足理查德·博伊德少将（Richard Byrd）的南极科学考察需要。1939 年 7 月 14 日，普尔特博士首次在芝加哥公布了该车的模型。从外观上，"雪地巡航者"就像是巨型坦克和大巴车的混合体，它的长度达到 16 米，高度为 4.5 米，装有 4 个直径近 3 米的巨型轮胎，满载重量超过 37 吨。"雪地巡航者"的车轮可以向上收起，便于车体越过冰裂口。拜巨大的车体所赐，"雪地巡航者"可以让 4 名科学考察队员舒舒服服地坐在里面，车顶上宽阔的空间还能搭载一架轻型科考飞机。从照片上看，这件演示模型背上就搭载了一架比奇 D-17S Staggerwing（这一名称的由来是因为该机下翼比上翼更向前突出，与通常的双翼机相反）双翼机。

　　研制完成后，装甲技术研究所把这辆价值 15 万美元的样车借给美国政府，参加博伊德少将领导的南极探险行动。"雪地巡航者"先是从芝加哥开到波士顿，然后装上"北方之星"号考察船。最终，考察队员把"雪地巡航者"开上了南极冰面，但他们很快发现"雪地巡航者"设计存在缺陷，在南极冰面并不实用：柴电混合动力驱动的"雪地巡航者"功率不足，浅胎纹的大型轮胎在湿地上比较实用，在冰雪地面上牵引力很差，而且很容易陷入积雪。于是他们把"雪地巡航者"变成固定式科考居所，再也没有让它离开南极。70 多年后，人们已然不知道"雪地巡航者"置身何处——它应该被积雪埋藏于南极某处，也可能随着浮冰崩塌沉入南极海底。

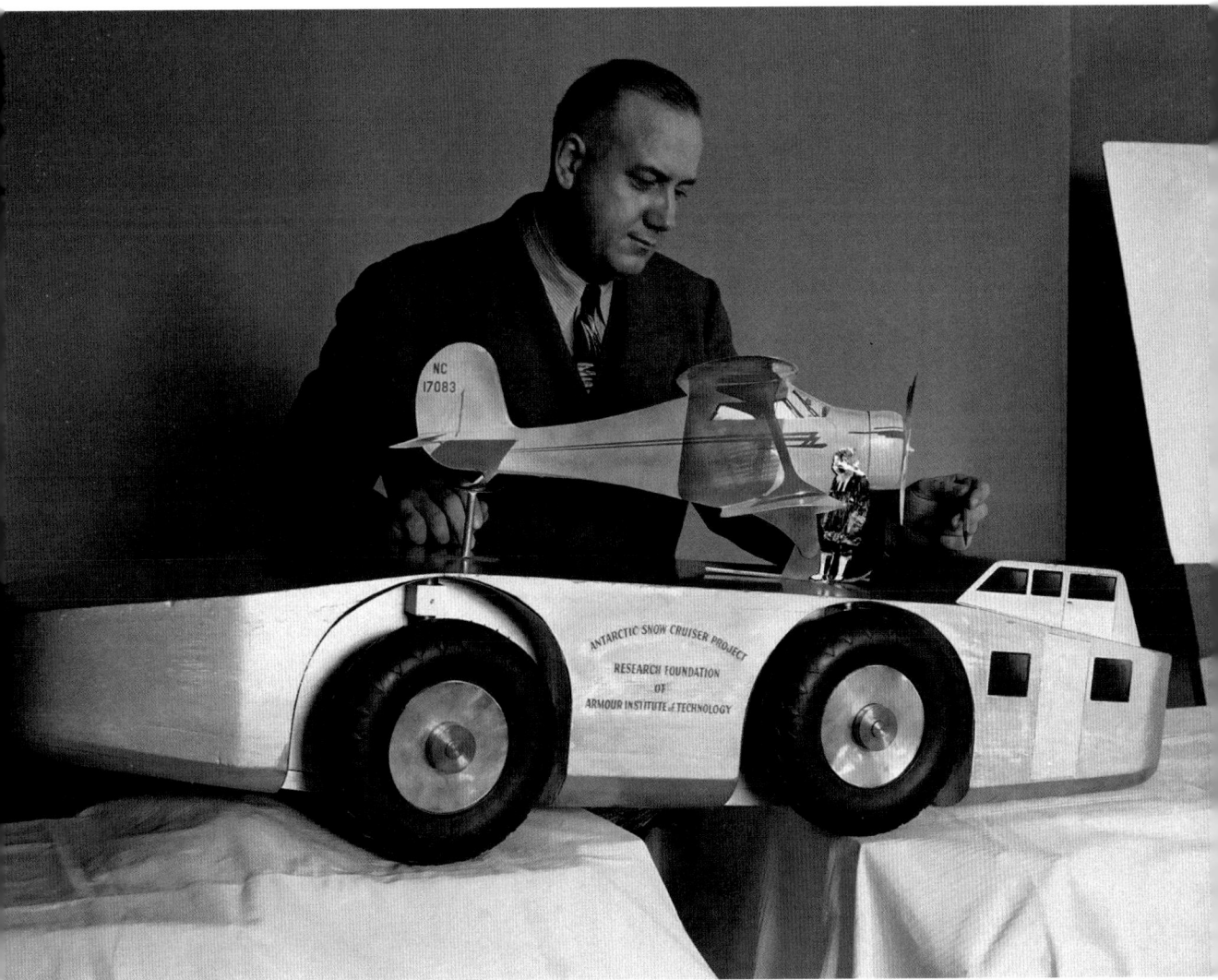

1939
最美丽的"信天翁"

　　如果说起历史上那些漂亮的飞机,绝对可以数出一大串。但是如果名单上没有德哈维兰 DH.91 "信天翁",那却是重要遗漏。虽然"信天翁"总产量只有 7 架且没能大红大紫,然而它那绰约身姿仍然深深印在许多人的心里。为了追求速度,德哈维兰设计师阿瑟·海格对飞机进行了锱铢必较的气动优化修形,想方设法地减小飞机迎风面积,并率先在这款运输机上采用了层板 / 轻木三明治硬壳结构机身。最终设计完成的"信天翁"拥有迷人的美感:修长的圆形截面机身以一种难以置信的均匀速率向后收缩直到尾部,让机体呈现出海豚般秀丽的弧线。机身主要采用三明治层板粘合硬壳结构,中间是轻木,两侧则是雪松或桦木。由于"二战"的爆发,"信天翁"一共只造了 7 架,其中有 2 架邮政型和 5 架客运型。由于结构设计缺陷和可靠性问题,在运营中有 4 架"信天翁"先后发生坠机事故,所幸无人死亡。另外 3 架"信天翁"中,有一架毁于德军空袭,另外两架由于备件断绝报废拆毁。

　　德哈维兰"信天翁"恐怕算得上是有史以来最漂亮的 4 发螺旋桨客机。虽然也许算不上成功的飞机,但是该机使用的木制结构技术却直接应用在了 DH.89 "蚊"身上且获得巨大成功。无论如何,喜欢飞机的人应该记得,德哈维兰有一款漂亮的"信天翁"曾无比优雅地在天空飞过。

1939 年飞临瑞士苏黎世机场的"信天翁"，流畅到极致的外形和贵族般典雅的气质令人难以忘怀。该机注册号为 G-AFDJ，名字是"福尔肯"。

1930s
援助中国行动的形象大使

　　李霞卿（Lee Ya-Ching）在中国飞行史上有着特殊的地位。出身香港实业家家庭的李霞卿，1933年就远赴英国留学，不久即在瑞士航空学校（Contran École d'Aviation）开始学习飞行，并获得该校颁发给女学员的首张飞行执照。后来李霞卿进入美国加利福尼亚奥克兰的波音航空学校（Boeing School of Aviation）继续训练，学会了暗舱驾驶、冶金和机械等技术。1936年李霞卿回到中国，为中国军方实施了空中勘察活动，勘察面积超过30000平方英里，被委任为上海市航空学校教官（Shanghai Municipal Air School），一直工作到1937年中日全面开战该校被迫关闭为止。从1938年到1943年，李霞卿在美国全境及拉丁美洲各地巡回飞行，筹集捐款用以赈济抗日战争中的受害者。她也因此以美女飞行员的身份成为"二战"期间美国联合中国援助行动（United China Relief）的形象大使。

1936年9月24日上海为蒋介石举办献机助寿典礼。观礼台上身着一袭白色飞行服的便是李霞卿，她身后的男士是上海市长吴铁城。

1940
苏联飞机巨无霸

1935年5月18日，8台发动机驱动的安特-20"马克西姆·高尔基号"在小飞机伴随下飞越莫斯科红场，这是撞击惨剧发生前的最后一分钟。

　　1934 年首飞的安特 -20 是苏联大型全金属民用飞机的典范。安特 -20 由图波列夫设计，使用 8 台米库林 AM-34FRNV 液冷发动机。建成后，安特 -20 被命名为"马克西姆·高尔基号"，专门用于苏联的宣传活动，机上设有大功率广播电台、印刷设备、图书馆、摄影暗房和电影放映厅等。有趣的是，该机也是最早的自带舷梯的大型客机之一，折叠后的舷梯会变成地板的一部分。然而，安特 -20 运气不佳。1935 年 5 月 18 日，"马克西姆·高尔基号"会同 3 架其他飞机在莫斯科上空编队进行飞行表演，结果伴飞机与"马克西姆·高尔基号"相撞，酿成了坠机惨祸，造成 35 人遇难。

　　"马克西姆·高尔基号"坠毁后，苏联立刻又建造了一架改进型飞机，历史上称作安特 -20bis，并于 1938 年首飞。安特 -20bis 使用 6 台动力更强劲的发动机。1940 年，一位叫安那托利叶哥罗夫的摄影师在这架飞机前按下快门，留下了上面这张照片。由于拍摄幅面的关系，这架巨大的飞机需要三张照片才能拼叠出完整的全貌。如果转到飞机的侧面或机翼下方，你会看到它的注册号 CCCP-L760。从外观上，这架飞机最为突出的特征是拥有 6 台发动机，这让它看上去异常雄伟。

　　1942 年 12 月 14 日星期一，由苏联民航运营的这架安特 -20bis 从土库曼斯坦起飞，准备前往乌兹别克斯坦塔什干机场。飞行两小时 10 分钟后，飞机抵达塔什干西南 50 公里处时突然急速失去高度，近乎垂直撞击地面，机上 36 人全部丧生！事后调查发现了一个惊人的事实：飞机坠毁时飞行员没有在驾驶席位上！据推测，飞行员可能是把操纵权交给了某位乘客，让后者体验一把操纵巨无霸飞机的感觉。那人一不留神断开了自动驾驶仪，结果大家在不明就里的状态中进入俯冲，万劫不复。

1940
同温层增压巡航者

　　1940 年以前，民用客机最多只能飞到 10000 英尺，也就是 3000 米多一点儿，如果再高，乘客就有窒息的危险——3000 米以上高度气压变低，氧气供应不足。1940 年 7 月 8 日，波音 307 "同温层巡航者" 率先采用了增压客舱，让 33 位乘客始终保持在海拔 2000 米左右的压力水平上，而飞机可以飞得更高。如此一来，"同温层巡航者" 可以在 20000 英尺高度巡航，这一高度稀薄的空气带来的低阻力也能让飞机飞得更快，实现每小时 320 公里的高速度。再后来，增压技术更好，飞机更高，现在随便飞个 10000 米的同温层，不过小菜一碟。

1941
水上版 VS-300

在现代直升机发明者伊戈尔·西科斯基的注视下，一架西科斯基 VS-300 直升机悬停在半空中。VS-300 是美国历史上第一种成功的单旋翼直升机，也是第一种成功利用尾桨抵消反扭矩的直升机。在浮筒的帮助下，这架西科斯基水上版 VS-300 在 1941 年首次实现了水上起降，由此成为第一架实用型水陆两栖直升机。

1943
大名府的航模课

　　浓浓的童趣盎然于这张照片之上。这张保存在匈牙利国家档案馆的老照片拍摄于 1943 年，地点是中国河北大名府。画面上留着络腮胡子的人，是匈牙利耶稣会传教士利特万伊·格约佐（Litvanyi Gyozo）。他身边的 3 个孩子，档案馆文件中没有提及，根据格约佐曾作为教会学校教师的记录，想来应该是当地教会学校的学生。显然这一堂课是航模课。从孩子们手中的模型不难判断，这是利用简易套材手工制作的橡筋动力模型。孩子们在经历了制作过程之后，手持自己的成果准备在院子里试飞他们的飞机。在抗战尚未结束的时代，中国的孩子们能够接触航空科技的机会并不多，即便有也多限于那些家境殷实者。照片中这几个孩子身着长衫，显然不是贫民。西方传教士在中国开设的许多教会学校，在传播宗教思想的同时，客观上也把西方先进的教育思想和科技文化带到中国，对于中国近现代社会科学思想的开启有着不可忽视的作用。

THE ATOM

1945
橡树岭的孩子们

　　1945 年的某一天（不知道第二次世界大战当时是否结束），美国田纳西州某处的一群孩子们，在一座小公园里兴致十足地摆弄一台飞行模拟器。这似乎是一台标准的林克飞行模拟器——当时美国军民用飞行员地面模拟训练的标准器材。仔细看会发现尽管模拟座舱内的仪表板和风挡做工"精致"，但这台模拟器底部并没有运动伺服机构，它是直接安放在两条长凳上的，无法随着"飞行员"的操控做出任何俯仰或滚转动作。尽管如此，这台模拟器还是一台技术含量不低的玩具，它的操纵杆会和机翼、尾翼和垂直尾翼上的副翼、升降舵和方向舵联动，随着飞行员扳动操纵杆做出相应的偏转动作，帮助孩子们认识真正的飞机控制面在天上是怎样动作的。现在再来说说这台高规格玩具坐落的地点——美国田纳西州诺克斯维尔以西 30 公里的橡树岭国家实验室（ORNL）。作为曼哈顿工程的一部分，1943 年兴建的橡树岭国家实验室曾为美国核武器研究做出了重要贡献。从"飞机"座舱侧面书写的 ATOM（原子）字样判断，这张照片应该是拍摄于"二战"结束之后，至少是原子弹在日本广岛和长崎升起蘑菇云之后。

4 迷茫与角逐

1946
马可波罗
在罗马之巅

SM.95 是意大利在 S.75 基础上发展的一种 4 发客机。1943 年 SM.95 原型机首飞，但当时正值第二次世界大战紧张时刻，生产无法安排——事实上在"二战"中投入精力开发民用客机本身就不大容易理解。直到第二次世界大战结束，SM.95 才投入生产，而此时它早已落后于美国甚至欧洲其他同类产品，总产量一共也只有 23 架。意大利航空公司（Alitalia）购买了 6 架 SM.95，意大利跨大西洋航空公司 LATI 订购了 3 架用于南美航线，埃及的 SAIDE 公司订购了 4 架，其他都被交给了意大利空军。这张照片就是 SM.95 留下的为数不多的靓照之一：一架注册号 I-DALL 的 SM.95 飞翔在罗马上空。这架飞机有一个属于自己且与中国很有渊源的名字——"马可·波罗"（Marco Polo）。

1946
富尔顿天地两栖车

富尔顿"天地两栖"（Fulton Airphibian）FA-2
飞行汽车由美国人罗伯特·埃迪森·富尔顿（Robert
Edison Fulton）1946 年设计制造，配备一台 6 缸 165
马力发动机，一共只制造了 4 架原型机。FA-2 是美国第
一种拥有 4 个轮子和独立悬挂系统的飞行汽车，当然它绝
对能飞，真的能飞。要想驾驶它起飞，得先给它装上独立
的尾部、机翼和螺旋桨——这些东西在出行时得想着用一
部小拖车装上。飞到目的地后卸下这些零碎，又可以像汽
车一样开着它四处旅行。最大飞行高度 3700 米，巡航速
度 177 公里 / 小时，最大飞行速度 193 公里 / 小时，乘
员 2 人。如果仔细看看，会发现其实它更应该说是一架可
分解的模块化飞机。它的发动机只能驱动螺旋桨转轴，而
不能驱动车轮，结果是当它在公路上行驶时，只能依靠螺
旋桨产生的拉力前行，俨然一架没有翅膀和尾巴的飞机在
公路上奔跑。正因如此，当时不少人乐于称其为"公路飞机"
（Roadable Aircraft），也就是能在公路上行驶并起降的
飞机。打算像这张温馨惬意的照片那样带上一大家子飞着
出去满世界走走？别逗了，那是广告，里面最多只能乘坐
两人。

1946
让每个家庭车库里都有一架飞机

　　美国人丹尼尔·扎克（Daniel R. Zuck）曾有一个瑰丽的梦想——让每个美国家庭的车库里都能有一架飞机。他希望告诉每一个会开车的美国人，现在你的汽车就是一架飞机了，开着它离地升空，可安全地飞向任何地方！丹尼尔将这一梦想付诸实现的时候是1946年。丹尼尔相信这样的梦想能够实现，既然现代汽车许多方面都在学习和模仿高大上的飞行器，那么为何不给它们装上一对翅膀，让它们变身成为飞机呢？丹尼尔也明白，要打造每个美国家庭车库都能接受的飞机，它必须能像普通家用轿车一样能在公路行驶，还能方便地停进普通的家用车库，最后还必须能飞行。英文里管这样的东西一般称作Plane-Mobile 或 roadable airplane。

　　出生在宾夕法尼亚的丹尼尔在20世纪30年代曾担任联合飞机制造公司项目设计工程师，参与过美国海军PBY"卡特琳娜"水上飞机的设计。1944年，丹尼尔又加入洛克希德"臭鼬工厂"，在凯利·约翰逊（Kelly Johnson）手下任职。"二战"结束后，凭借丰富的工程技术经验，丹尼尔终于在1946年设计制造了"可公路行驶飞机"。这种飞机机翼可以拆卸放置在机身顶部固定，此时如果开动螺旋桨，就能像汽车一样在公路上行驶，如果装上机翼，那就能滑跑升空。不过这种飞机和早期飞行汽车有一个共有的问题，那就是转换过程比较费力：要把两个硕大的翅膀从飞机顶部取下来再安装好，不仅需要时间，更需要体力和技术。

1946
萨博的生存努力

1944 年欧洲大战行将落幕，瑞典萨博公司意识到自己必须赶紧从军事生产中抽身出来，寻求在民用运输市场上的发展空间——否则一旦战争结束，萨博可能难以维系。为此萨博决定开发一种双发动机中短程客机，用以取代美国经典客机道格拉斯 DC-3。值得一提的是，萨博转而制造汽车也是出于同样的动机。

1944 年 2 月开始研制的这一飞机被称为萨博 90 "斯堪迪亚"（Scandia），与 DC-3 相似度很高。萨博 90 起飞重量 11600 公斤，航程 1000 公里。与 DC-3 相比，萨博 90 最显著的区别是使用了前三点起落架，而不是 DC-3 那样的后三点。面对"二战"结束后大量作为剩余物资投入民用市场的 DC-3，性能上并不占绝对优势的"斯堪迪亚"可谓面临严峻挑战。

1946 年 11 月萨博 90 首飞，该机可以搭载 24—32 名乘客，采用下单翼布局和整体式襟翼，结构重量较小，低速性能出色，单发失效后仍具有充足的操控性。美中不足是方向舵操纵力过大。发动机原计划采用美制普惠 1450 马力（1080 千瓦）R-2000 活塞发动机，后来换成了 1650 马力（1230 千瓦）R-2180-E "双黄蜂" E。ABA 瑞典航空公司率先支持国货，订购了 11 架，随后巴西两家航空公司订购了 6 架。

1947 年原型机曾造访丹麦、荷兰、比利时和瑞士，进行飞行演示。次年再度进行飞行推广活动，但在 DC-3 以及道格拉斯后继机型强势挤压下，萨博没能斩获可观的订单。

首批生产型"斯堪迪亚"在 1950 年交付。从 1950 年到 1954 年，斯堪的纳维亚航空公司接收了 8 架萨博 90，最初用于执飞斯堪的纳维亚半岛内部航线，后来拓展到阿姆斯特丹、布鲁塞尔和伦敦等欧洲城市。巴西圣保罗航空公司也曾用该机执行过巴西国内航线。

时值冷战，瑞典空军对于战斗机需求十分旺盛，萨博工厂忙于生产萨博 29 喷气式战斗机，为此萨博逐渐停产"斯堪迪亚"，生产工作转由荷兰福克公司进行。从头至尾萨博 90 的总产量仅为 18 架，虽然萨博公司曾考虑过研制带增压客舱的萨博 90B，但由于民机战略定位清晰度不足，该方案没能走下绘图板。

1947
菲亚特 G.212 在苏黎世

1947 年，瑞士苏黎世国际机场，一架意大利 ALI 航空公司（ALI Avio Linee Italiana）所属菲亚特 G.212CP（注册号 I-ELCE）在停机坪上等待下一次飞行任务。ALI 是一家由菲亚特集团拥有的意大利独立航空运输企业，1926 年成立，一直运营到 1952 年——这一年该公司被意大利 LAI 航空公司（Linee Aeree Italiane）并购。LAI 是唯一一家没有在战后被政府国有化的战前航空公司，该公司后来更名为意大利航空，也就是著名的阿里塔利亚（Alitalia）航空公司。这张照片拍摄时，菲亚特 G.212 尚属崭新的产品：该机 1947 年首次飞行，是更早的菲亚特 G.12 的放大版，采用 3 台 624 千瓦（860 马力）阿尔法 - 罗密欧 128 型星形发动机，可运载 34 名乘客。抱着重振意大利航空运输业的理想，当年 ALI 就订购了 6 架 G.212 用于欧洲航线运营。遗憾的是，就在两年后的 1949 年 5 月 4 日，ALI 一架 G.212 包机在运载都灵足球队从里斯本返航都灵途中，在目的地附近撞山坠毁，机上 31 人全部遇难，其中包括 18 名著名球员。这次事故让原本性能就不占优势的 G.212 彻底葬送了前程。加上意大利空军订购的军用型，菲亚特 G.212 的总产量也不过 26 架。

1947
DC-3 撞钟楼

1947 年 12 月 28 日，荷兰皇家航空（KLM）一架美制道格拉斯 DC-3 客机（注册号 PH-TCV）从阿姆斯特丹飞往吕伐登（Leeuwarden）。飞机抵达吕伐登时，当地气象条件很糟糕，云底高度仅有 100 米，还下着大雨。飞行员在城市上空迷失了航向，找不到机场方位。迷迷糊糊中，飞机左翼撞上了 70 米高度的圣波尼法休斯教堂（St. Bonifatius church）尖顶，左翼外端 3 米多长的一段被扯掉。飞机受伤后，飞行员在一片田野上紧急机腹迫降，飞机的机身和两侧发动机在地上犁出三道深沟，两具螺旋桨全都如同断了线的风筝飞得不知所踪。万幸的是，虽然飞机彻底报废，但机上乘客除了经历惊魂一刻外，无人死亡。DC-3 这样的飞机巡航高度有限，在飞越城市上空时，很容易与高耸的建筑物发生危险接近。当时也没有可靠的雷达系统和引导系统来帮助飞机规避此类危险。20 世纪 50 年代以后，航空辅助引导技术有了长足发展，航路规划更为科学，城市高层建筑也都有了明显的警示灯光装置，这类事件就极少发生了。

1948
模拟故障引发的真事故

　　和今天的民用航空安全运行记录比起来，20 世纪四五十年代的民航安全性几乎令人"不可容忍"。1948 年 5 月 1 日，荷兰皇家航空的一架道格拉斯 DC-6 在阿姆斯特丹施基浦机场一次本场训练飞行时，发生了一次比较特殊的意外。机长驾驶飞机准备演示一次发动机模拟故障条件下的起飞动作。他驾驶飞机从 23 号跑道滑跑加速，在速度 137 公里 / 小时的条件下拉杆，前轮随即离开跑道。速度达到 169 公里 / 小时后，1 号发动机（也就是 4 台发动机中最靠近左侧的一台）的油门杆被拉到慢速，此时飞机尚未离地，在失衡推力作用下飞机滑向左侧。机长蹬满舵试图修正侧滑，此时右侧主起落架离地，而左侧主起落架仍在跑道上，飞机冲出跑道侧面歪着升了空。机长把 1 号发动机油门加到最大，但出现了发动机超速现象，动力仍然没能发挥，飞机左翼撞上护墙，飞机翻转着跌进了一条浅沟。令人惊奇的是，尽管机身摔成了三截，机组 5 人却无一死亡。事后查明，事故的原因主要有两点：第一是机长没有及时修正侧滑，从侧滑发生到他蹬满舵，间隔了 3.5 秒；第二是 1 号发动机螺旋桨桨距设定有问题，导致发动机超速。（*Ben van Meerendonk 摄*）

1948/1949
朗格多克

这是一张拍摄于1948—1949年的瑞士苏黎世国际机场照片。画面上，我们能看到一架带有法国航空公司标志的4发罕见客机。大多数人也许都叫不上名字，实际上这是一架法国国货——东南航空制造厂（SNCASE）的SE.161"朗格多克"（Languedoc）。"朗格多克"并不是战后新产品，它原本是战前马塞尔·布洛赫根据1936年阿非利加航空公司提出的非洲航线需求研制的，当时称作布洛赫MB.161。研制工作1937年开始，原型机1939年首飞，但直到法国沦陷，试飞工作也没能完成。法国投降后，维希政府在1941年12月决定恢复研发工作并发出了20架订单，但破败凋敝的工厂根本不具备开工能力。由于盟军1944年对法国境内工厂企业的轰炸，该项计划只能放弃。

法国解放后，戴高乐将军领导的法国临时政府立即批准恢复生产，这次飞机更名为SE.161。1945年8月25日，首架生产型首飞成功，法国空军很快发来40架的初始订单。"朗格多克"拥有20世纪30年代典型客机的所有特征，它是一种全金属4发悬臂下单翼客机，双垂尾设计，5人制机组（飞行员、副驾驶/领航员、无线电操作员、飞行机械师和乘务员），客舱标准客容为33人，设置头等舱时为24人，高密度布局可提升至44人。动力系统为4台1020马力（760千瓦）土地神"罗恩"14N 44/45星形活塞发动机。

1946年5月，"朗格多克"投入法国航空公司执飞从巴黎到阿尔及尔航线，但是到10月就宣布停飞：飞机的起落架和发动机总是出问题，冬季出勤率很低，飞行安全性不好。1947年在换上了美制普惠R-1830发动机、安装了除冰设备、中程客舱无线电系统和客舱加温设备后，才恢复了运营，名称也就此变成SE.161.P7。

如此修补方才勉强堪用的"朗格多克"，最终在1952年被更为可靠耐用的道格拉斯DC-4取代。"朗格多克"总产量为100架，除了法国航空公司，其他用户还包括法国空军和海军。出口较为失败，唯一的国外用户是波兰LOT航空公司（5架）。实际上，在法航运营"朗格多克"时期，就有不少法国乘客拒绝乘坐该机。倒不是法兰西民族不愿意支持国货；且不说飞机本身可靠性差，单就那无加温、高噪声的客舱环境就不是一般人消受得了的。

1949
荷兰机场的绝世脑洞

1949 年，荷兰空港设计工程师冉·德勒特（Jan Dellaert，1893—1960）对机场布局设计理念开了一次脑洞，提出了一个大胆的新方案。在他设想的未来机场上，6 到 10 条跑道以棘轮形式围绕着一座主体建筑展开。在机场旁边，是一座高度综合化的交通枢纽——冉·德勒特计划从这里修建连接阿姆斯特丹和海牙的高速公路和铁路。

在德勒特看来，传统机场那种跑道平行规划布局的理念应该彻底摒弃。他的方案中，所有跑道都从中心区域以切线辐射形式布局（有些类似工业零件中的棘轮），初期规划使用 6 条跑道，未来还可以扩建到 10 条（直到今天世界上也没有哪个机场拥有如此奢侈的跑道）。普通的机场倘若建有多条跑道，多以近平行或小角度交叉布局，在风向大幅度变化的时候，飞机起降仍免不了受到横风干扰。而按照德勒特的构想，10 条跑道以辐射状布局，这样无论风向如何改变，飞机都能根据作业时的风向选择相应的跑道。无论如何，从艺术上看，这样的机场实在具有技术美感。按照当时的估计，建造一座这样的机场，需耗资 9500 万盾。传统机场平行或简单交叉的跑道，都可能导致飞机进近末段航路过于密集，降低机场空域使用效率。冉·德勒特提出这一方案的宝贵之处在于，这些跑道彼此互不干扰，而且飞机可以根据航线具体方向的不同，选择最适合自己的进近方向和跑道。

新机场的选定地址，位于施基浦堡以西 3 公里多，当时这里是一片残垣断壁。几经周折，1957 年，荷兰政府最终部分批准了这一脑洞大开的新机场方案。3 年后的 1960 年，德勒特平静离世。再过 3 年，新机场开始兴建，1967 年 4 月 28 日，荷兰女王朱丽安娜亲自出席了这座新概念机场的启用典礼。直到今天，施基浦机场仍然以独特的设计闻名于世，其原因就在于这座机场能够根据风向风力随时为飞机提供最为有利的起降跑道。虽然荷兰没能全部完成这一豪迈而聪明的构想，但其 4 条跑道几乎别无二致地按照当年德勒特的构想呈放射状棘轮布置，有效地发挥了多走向跑道的优势。从空中看，施基浦机场多少能让人联想起荷兰的标志性设施——风车。机场的跑道从机场中央区域向四周呈辐射状沿切线发散，就如同吱呀转动的风车。

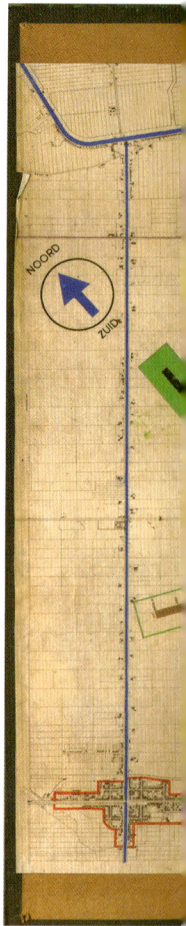

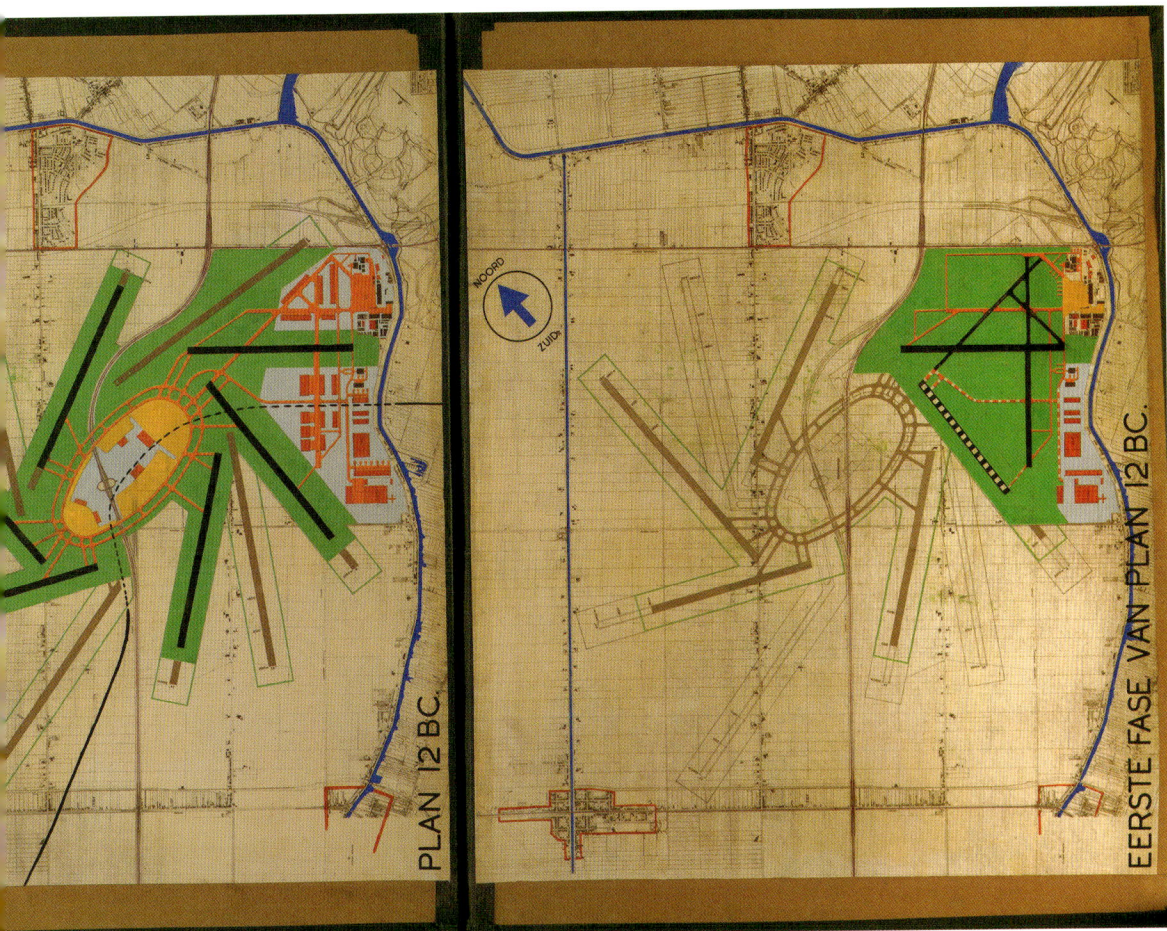

德勒特设计的棘轮状机场 10 条跑道布局蓝图，黑色为 6 条待建跑道，暗色为 4 条未来扩建跑道。

德勒特在 20 世纪 50 年代的展会上对自己
设计的辐射棘轮状机场进行说明。

从空中拍摄的施基浦机场，德勒特的构想至少部分地实现并发挥了应有的作用。

1949
喷气客机的加拿大定义

有些故事有一个充满希望的开端，却注定没有美妙的结尾。

1949 年 8 月 10 日，一架造型新颖的喷气式客机在加拿大飞上蓝天。这是由阿弗罗加拿大公司研制的 XC-102"喷气客机"（Jetliner）原型机（注册号 CF-EJD-X）。XC-102 是北美洲首飞的第一种喷气运输机，其首飞时间仅比英国德·哈维兰 DH 106"彗星"（1949 年 7 月 27 日）首飞晚了 13 天——如果不是加拿大政府的终止指令，如果不是阿弗罗全面转向军品，XC-102 也

许能在喷气航运市场占据一席之地。然而，XC-102 的故事最终成为一个支离破碎的梦。

1945 年加拿大环加拿大航空公司（TCA）开始寻求开发一种新型客机投入航线运营，这种飞机要能载客 36 人，巡航速度 680 千米/小时，航程不少于 1 900 千米。经过接洽，TCA 公司与位于多伦多的阿弗罗加拿大公司达成意向，合作开发一种类似维克斯"子爵"的双发涡桨飞机。加拿大阿弗罗为 XC-102 选择的设计方案是：采用全金属结构，平直下单翼，客舱带增压系统，配备前三点

艺术家笔下的 XC-102"喷气客机"。该项目的夭折成为加拿大人永远的痛。

起落架。该机设计载客 40 人，机组 3 人。发动机为两台罗罗"德文"喷气发动机。

1949 年 8 月 10 日，首架 XC-102 原型机完成首飞，距离开始设计仅 25 个月！到 1950 年 12 月，XC-102 飞行高度已经达到了 39 800 英尺，平飞速度超过了 800 千米/小时。按计划，XC-102 应在 1952 年 5 月交付，10 月投入使用，如果能够实现，XC-102 将比波音 707 早整整 6 年——后者直到 1958 年 10 月才开始服役，比它的短途航线竞争对手波音 727 要早 11 年！

1951 年 12 月，鉴于冷战格局下加紧军备建设的需求，加拿大政府下令终止 XC-102"喷气客机"项目，以便让加拿大阿弗罗专注于 CF-100 战斗机项目。"喷气客机"从未投入过商业运营，但它也完成了一项壮举：1950 年 4 月，"喷气客机"完成了世界上首次由喷气式飞机执飞的航空邮件任务——用 58 分钟时间从多伦多飞抵纽约，比先前的时间缩短了将近一半。

1956 年 12 月 10 日，加拿大政府下令报废 XC-102 原型机。1956 年 12 月 13 日，XC-102 原型机被切开，只留下前机身部分——如今这部分保存在渥太华加拿大航空航天博物馆，其余部分则作为废旧金属处理掉了。本应在北美乃至世界喷气航运市场占据重要地位的 XC-102，竟然落得个死无全尸的境地，让许多加拿大人愁肠百结。不少人问，为什么当年加拿大政府不全力支持这种飞机？为什么这么有潜力的项目最终功败垂成？遗憾的是，历史既铸成，惋惜已徒然。

1949
"彗星"闪耀范堡罗

在 1949 年范堡罗航展上，观众们聚集在一架外形优雅通体铝银色的飞机周围赞叹不已。这架飞机是英国德哈维兰公司的 DH.106 "彗星"喷气式客机原型机（G-ALVG），也是世界上第一种投入运营的喷气式客机。无论从性能上还是从外观上，"彗星"都极大地震撼了人们对于传统民用螺旋桨客机的固有印象。没有螺旋桨却能以 740 公里 / 小时疾速飞行，无疑是"彗星"最大的卖点。事实上这也是德哈维兰乃至英国航空工业界的期望所在，英国人希望能利用这款性能迥异的喷气式客机，一举占据世界商用航空市场的优势地位——过去这一地位一直为美国所占据。实际情况也的确向着英国人期望的方向发展，"彗星"博得欧洲许多航空运输企业的好感，一时间好评多多。然而好景不长，1954 年"彗星"在大西洋上空的解体事故导致全机乘客罹难，让全世界的"彗星热潮"一下子变为"彗星恐慌"。尽管英国人努力反复试验验证最终找到了疲劳裂纹扩散的事故原因并在后继改进型"彗星"上做了弥补——最明显的表象是飞机的舷窗从最初的方形改为圆弧形，但是属于"彗星"的辉煌时光已近尾声：1957 年，美国波音 707 首飞，世界喷气航空运输业的天平重新倒向美国。需要说明的是，在疲劳问题上，美国在"二战"时期的 B-29 轰炸机以及 B-47 喷气式轰炸机上都积累了丰富的经验，比英国丰富得多。

1950
仰望

    1950 年英国范堡罗国际航空展览会上，一个英国男孩走到一架英国运输机主起落架下方，手扶着巨大的机轮向上仰望。从近方形的机身截面上不难看出，这是一架英国阿弗罗"约克"（Avro York）客机。阿弗罗"约克"可载客 24 人，是"二战"时期阿弗罗公司由著名的"兰开斯特"重型轰炸机发展而来的运输机，1944 年投产，战后在军民领域服役，曾作为多家航空公司的客机。对于一个男孩来说，这样的飞机已经显得十分庞大，然而对于战后的航空运输市场，这样的飞机还远远不够大，更不够快。范堡罗航展这样的国际航空展览会，一方面成为全球范围内航空产业的商业盛会；另一方面作为精华荟萃的航空科普活动，让许许多多的人特别是孩子们很早就能走近航空、接触航空，培养与航空的亲近感，成为未来航空产业的支持者和参与者，是一个不错的举措。

1952
迷你施基浦

　　"二战"夺去了不少人的生命，其中包括荷兰人马德罗夫妇的儿子。战争结束后，为纪念"二战"中牺牲的儿子，马德罗夫妇决定在荷兰海牙建造一座 1:25 的微缩城市，作为献给荷兰儿童的一件礼物。1952 年，这座占地 1.8 平方公里的微缩城市建成，命名为马德罗丹（Madurodam，也有人称之为马德罗丹小人国）。马德罗丹有自己的城徽，市长由荷兰女王贝娅特丽克丝担任，市议会议员由海牙 30 名小学生组成。1972 年被"荷兰城市联盟"接纳为正式会员，成为世界上最小的城市。城内汇集了以 1:25 比例缩小的荷兰国内 120 多座著名建筑和名胜古迹。在这里可以将荷兰尽收眼底：阿克马的乳酪市集、海牙和平宫、乌特勒支的圆顶大教堂、阿姆斯特丹水坝广场旁的皇宫、国立博物馆、运河沿岸的古老建筑，还有三角洲大堤防等……

　　在马德罗丹还拥有一座机场——这就是阿姆斯特丹施基浦机场的微缩版。在这座机场上你会看到移动的飞机、送餐服务、候机楼与机场大厅搭机的旅客、小巧的国立博物馆、施基浦购物商场，以及先进的人行电动走道，令人惊叹微妙的模型景致。这张摄于 1952 年马德罗丹开幕当年的照片上，一名工作人员正在为施基浦机场的民航飞机安装轮子，准备迎接纷至沓来的参观者。从照片上看，1:25 的民用飞机个头实在不小，这位工作人员正在维护的飞机，是北欧斯堪的纳维亚航空公司（由挪威、丹麦和瑞典三国联合组建）的一架道格拉斯 DC-6 活塞螺旋桨客机，远处则是荷兰航空公司的美制康维尔 CV-440 活塞螺旋桨客机。许多年来，荷兰人一直在精心维护这座迷你施基浦机场，让这座"迷你机场"随着施基浦机场的升级改造不断变化。如果今天去海牙，一定要去马德罗丹看看现在的迷你施基浦。

1952
主动来次撞飞机

　　别紧张，这张照片上显示的惨烈坠机并非空难，而是美国 NACA（国家航空咨询委员会）刘易斯飞行推进实验室进行的一次特别试验。这一幕发生在 1952 年 9 月，研究人员使用一架费尔柴尔德 C-82 "飞行车厢"（Packet）运输机进行了一次可控真机撞击试验。

　　20 世纪 40 年代中期，美国运输机坠机事故呈现攀升态势，NACA 研究人员为此围绕低空坠机的各种因素展开了一项为期 10 年的调查工作。其中大量测试工作在俄亥俄州克利夫兰刘易斯实验室以南 96 公里的拉文纳军械试验场（Ravenna Arsenal）进行。使用的试验运输机多为 "二战" 剩余物资。这架飞机在人工遥控下以 128—168 公里/小时的速度沿着跑道滑跑，先与跑道侧面安装的立柱发生碰撞，机翼内的 1500 加仑燃油箱被撞破，飞机随后撞击跑道尽头的障碍物。燃油喷溅形成大面积浸油地带和空中油雾云。试验人员还使用了燃油染色技术，把燃油弄成红色，以便在坠毁试验中提升燃油可视度。

　　这样的坠毁/撞击试验总计进行了 9 次，研究人员试图通过这些试验找出飞机坠毁时燃油喷溅散布的规律、起火燃烧的各种诱因，以及火势蔓延速度、舱室逃生时间等。

1953
夺命画家

　　1953 年 5 月 25 日，荷兰皇家航空公司（KLM）一架美制康维尔 CV-240 客机（注册号 PH-TEI）在施基浦机场 05 跑道上滑行加速起飞，滑行 700 米后，飞机离地。在高度 18 米、速度 145 英里 / 小时状况下，机长收起了襟翼，并试图调整飞机航向，此举导致飞机突然失速坠落。机长立即收油门实施机腹迫降，飞机在跑道上滑行一段后冲出了跑道。离开跑道后，飞机穿过一条公路，最后冲过一个浅沟，总算停了下来。飞机上全体乘客和机组人员共计 33 人全部幸存，但公路上的两名行人就没那么幸运了，突然穿越公路的飞机夺去了他们的生命。照片显示这架飞机在越过浅沟时两侧机翼和发动机全都脱落，机身也因为沟沿的撞击而断裂。这架飞机在 KLM 有一个颇文艺的命名——保卢斯·波特（Paulus Potter），此人是 17 世纪荷兰著名的画家。只可惜这次事故让这架飞机成了"夺命画家"。

1950s
泰勒飞行汽车

　　这张照片拍摄于 20 世纪 50 年代末。画面中的奇妙"飞机"，其实是美国人穆尔顿·泰勒（Moulton Taylor）在 1949 年设计的飞行汽车（Aerocar）。由于没能拉到订单，飞行汽车没有量产，总共只生产了 6 架，如今留存下来的已成弥足珍贵的航空收藏品。飞行汽车的机翼和尾翼可以拆卸，平时放在车后牵引，需要飞行时一个人只需 5 分钟就能完成转换。此时发动机的动力被传递到尾部的推进式螺旋桨，推动飞行汽车以每小时 176 千米的速度飞行。

　　这架 1954 年制造的飞行汽车编号 N101D，如今属于私营黄石航空公司，仍然能飞，大多数时间都在明尼波利斯阿诺卡县布莱恩机场西南的金翼飞行博物馆展出，目前估价 125 万美元。（原照藏于美国华盛顿州立档案馆）

1953
飞机大战象鼻虫

1953 年，一群工作人员在为一架道格拉斯 C-47 运输机装载农用喷洒药物。人们使用传送带把药物直接送入机舱内的喷洒机构。从机身后下部，我们还可以看到喷洒系统的喷管部位。这架飞机机身上的 US Department of Agriculture 字样表示该机隶属于美国农业部。就在前一年，这片地区的许多农场主因为肆虐的象鼻虫而损失了大部分苜蓿类作物。这次在虫害出现之前就先组织飞机参战，这为当地农民战胜象鼻虫提供了充分的手段。

1955
"阿玛尼亚克"的美丽与落寞

1955 年 9 月 27 日,荷兰阿姆斯特丹施基浦机场来了一架漂亮的飞机——75 吨级的 S.E.2010 "阿玛尼亚克"(Armagnaz),法兰西曾经以之为傲的漂亮航空器。

S.E.2010 "阿玛尼亚克" 是 20 世纪 40 年代末期法国东南航空制造公司开发的大型民用客机,该机虽然占了一个 "大" 的先机,但其糟糕的性能和航程却成为取得商业成功的绊脚石。"阿玛尼亚克" 虽然没能迎来辉煌,但是其客舱设计却十分精到,空间宽敞,乘坐舒适,这为后来的宽体客机提供了借鉴。

"阿玛尼亚克" 原本是根据 1942 年法国提出的 87 座远程客机需求而研制的,S.E.2000 安装两台 2100 马力 "土地神" 罗纳 18R 发动机,但尚未等到研制工作完成,东南公司就放弃了该方案,转而研制更大的 S.E.2010 "阿玛尼亚克"。通过不同的客舱布局,载客量最小为 60 人(卧铺版),最多可达 160 人。战争时期什么都非常简单,研制工作在图卢兹、马赛和巴黎分头展开。1949 年 4 月 2 日原型机首飞,但 1950 年 1 月 30 日在测试飞行中坠毁。1950 年 12 月 30 日,第一架生产型 S.E.2010 首飞成功,随后法国人把它放到巴黎大皇宫里向公众展出,为的是让法国民众看看法国航空工业的 "巨大成就"。在当时,"阿玛妮亚克" 是世界上最大的民用飞机之一,翼展接近 50 米,重量超过 77 吨,宽敞的增压客舱宽高接近 4.7 米,可容纳三层卧铺。S.E.2010 采用两台美国普惠 R-4360-B13 "大黄蜂" 活塞发动机,这也是当时功率最大的量产航空活塞发动机,但鉴于 "阿玛尼亚克" 自重较大,动力配置仍显不足。东南公司原本考虑为生产型飞机安装 5400 马力的美国艾利逊 T400 涡轮螺旋桨发动机,但由于该发动机最终未能量产而放弃。动力系统的对外依赖,成为 "阿玛尼亚克" 性能方面致命伤的渊源。

首批 15 架生产型 "阿玛尼亚克" 原计划交付启动用户法国航空公司,但是在对原型机做过评估之后,法国航空拒绝接收,理由是性能无法满足需要。法国航空算是明白:尽管设计目的是作为跨大西洋的客机,但 "阿玛尼亚克" 的航程仅有 5000 公里,比起跨大西洋航空运输所需的 6500 公里航程还差着一大截。此外,在当时的民用航空运输市场条件下,"阿玛尼亚克" 如果用于短途航线,其尺寸又显得太大,难以让航空企业实现盈利。结果包括原型机在内,"阿玛尼亚克" 一共只生产了 9 架。洲际航空运输公司(Transports Aériens Intercontinentaux/TAI)曾短暂运营过 4 架,但也发现该机根本无法给公司带来利润。后来这些 "阿玛尼亚克" 又被转给航空运输与服务公司(the Société Auxiliaire de Gérance et d'Exploitation de Transport Aériens/SAGETA),后者用它们向法属印支运输货物、邮件和军队,但在 1954 年之后随着法国在该地区统治权的终结,"阿玛尼亚克" 最后的用武之地也消失了。

"阿玛尼亚克" 不是一款成功的产品,但它是法国航空工业为了夺取航空运输市场优势而发起的一次创新型冲击行动,它在天空留下的那份美丽与优雅,不会被人遗忘。

1955
图波列夫远征极地

  这张照片拍摄于 1955 年，地点是北极地区。照片上这架体型硕大的四发轰炸机，很容易被误认为是名噪一时的"二战"时期著名的美军 B-29"超级空中堡垒"战略轰炸机。当然，实际情况并不如此。这架停在北极冰层上的大飞机，是苏联图波列夫设计局根据波音 B-29 用逆向工程（直白说法就是测绘仿制，再俗些就是"严谨地山寨"）的方式设计制造的，技术性能上与 B-29 几乎一样，命名为图 -4。图中这架编号 H-1139 的图 -4，机首侧面涂有俄文 ПОЛЯРНАЯАВИАЦИЯ，翻译成中文就是"极地航空"。20 世纪 50 年代中后期，苏联在北极地区展开过大规模科学考察行动。考察中曾经动用过不少飞机，除了图 -4，还有彼 -8 四发轰炸机，甚至还有从纳粹德国弄来的福克 - 沃尔夫 Fw.200 四发运输机。

1956

"霸王"吞吐"小水獭"

  1956 年 10 月 21 日，一架美国空军道格拉斯 C-124 "环球霸王" II 降落在美国南极麦克默多科学考察站（McMurdo）附近的冰面机场。这是 C-124 首次降落麦克默多。别看这架 "环球霸王" II 气势逼人，它的昵称却很秀气——"北凯洛琳小姐"。通过打开的机首舱门，人们从里面卸下一架装有雪地起降滑撬的小飞机。从外形上看，应是一架加拿大德哈维兰制造的美国海军 UC-1 "水獭"，作为科考站观察和联络工具。20 世纪 50 年代初到 60 年代中，美国陆军工程兵研究实验机构组织对南极冰盖内核进行了专项钻探取样研究。这次远程补给飞行，正是这一庞大计划后勤保障行动的一部分。

  麦克默多站位于麦克默多湾罗斯岛的南部、新西兰以南约 3500 公里，是南极洲最大的科学研究中心，可容纳 1200 多人，由美国国家科学基金会的南极计划部门运作。这是美国最大的南极研究站和后勤基地，所有前往和来自阿蒙森—史考特南极站的人员和货物均先经过麦克默多。

坐在一起小憩的巫师们，右侧两人的头饰为长吻锯鲨，左侧一人头饰显然是飞机。

表现非洲土著文化的现代艺术家制作的木雕少女像，少女头上装饰着一架飞机。

1950s
巫舞者的头饰

　　右页照片大约拍摄于 20 世纪 50 年代，地点是非洲某处。画面上，一名部落巫师正在起舞；他头上戴着一顶奇怪的头饰。尽管做工略显粗糙，形体不够精准，但还是能够让人一眼认出，那是一架飞机。刚刚经历过"二战"的洗礼，在这片曾经弥漫战火硝烟的地方，部落土著们曾不止一次目睹盟军或德军的飞机飞越头顶。那些发出恐怖轰鸣，能像飞鸟一样翱翔高天的金属怪物，让土著们在惊恐的同时，也把它们看作神明的伟力杰作。把任何不能理解的事物用神灵的力量加以解析，正是原始土著宗教的重要特征（其实其他宗教也具有类似特征）。"二战"结束后，跨越大洋穿梭非洲大陆的民用客机往来不断，让土著们更觉得神灵力量之伟大。在他们心目中，这些能飞的金属怪物是神灵的化身，于是按飞机的形状制成头饰，佩戴在巫师头上，作为与神灵沟通的媒介。在巫师们的头饰中，已经有了各种拥有神灵伟力的野生动物形象（如长吻锯鲨等），现在飞机也加入进来。唯一的不同是，土著们并不知道，制造这些金属怪物的伟力所有者并非神灵，而是人类自己，和他们完全一样的人类。

DORNIER DO 27

1956
孩子爬上"道尼尔"

1956 年德国举办的一次航空展览活动中，一名身着传统巴伐利亚服装的男孩爬上一架道尼尔 Do 27 的机轮，向驾驶舱内窥视。Do 27 最初由位于西班牙的道尼尔工厂设计制造，1955 年 6 月 27 日首飞，后转由德国道尼尔公司量产。该机是一种单发动机上单翼多用途飞机，具备不错的短距起降能力，可以乘坐 4 到 6 人。德国联邦国防军总计订购了 428 架，在民用市场上也有不少使用，总产量 628 架。在德国航空工业史上，Do 27 具有特殊的历史地位，它是"二战"结束后德国第一种批量生产的飞机。

1950s
总装"子爵"

    这张照片拍摄于 1955—1958 年间。英国维克斯 - 阿姆斯特朗飞机公司厂房内，工人们正在总装一架维克斯"子爵"（Vickers Viscount）客机。机身上书写的 Butler Air Transport 字样显示，这架飞机的买家是澳大利亚巴特勒航空运输公司。维克斯"子爵"是英国著名的中程涡轮螺旋桨客机，也是世界上第一种投入客运市场的涡桨客机——率先把涡轮发动机与螺旋桨推进器结合，并取代旧式活塞发动机用于商用客机，是英国一项颇为成功的创新。"子爵"舱室设计也颇为成功，增压客舱、较低的振动和噪音水平，以及尺寸颇大的全景式舷窗，让它很快赢得市场的青睐，成为世界上"二战"后最为成功、盈利性最好的客机之一。从 1948 年投产到 1962 年停产，各型"子爵"总产量达到了 445 架。

20 世纪 50 年代，英国就开始考虑如何让直升机飞得更快。费尔雷公司提出了一种比较新颖的方案，那就是复合式旋翼机，英国政府为项目提供了资金，准备未来把它用于军事和商业用途。这种直升机采用了大胆的新概念，4 叶主旋翼直径达 27.43 米，但是桨毂部分却没有安装发动机，而是在每个旋翼桨叶尖端安装了一台喷气式驱动发动机，每台可以产生 1000 磅（4.4 千牛）推力。机身两侧的短翼上，则安装两台纳皮尔公司"埃兰"涡轮螺旋桨发动机，每台功率 2800 马力（2100 千瓦），分别驱动一副 4 叶拉进式螺旋桨。在垂直起飞时，主旋翼内部特殊的燃料管道和空气管道会分别将燃料和压缩空气（来自两侧的涡轮螺旋桨发动机）提供给尖端的喷气发动机供其启动。启动后的喷气发动机推动主旋翼高速旋转（旋翼尖端速度可达 219 米 / 秒），产生强大的升力，就能让"罗特迪恩"拔地而起。这种方式也同样可以用于垂直降落和悬停状态。

一旦完成起飞，"罗特迪恩"就可以转入巡航状态。此时拉进式螺旋桨会驱动飞机平飞加速，在一定速度下，主旋翼尖端的驱动发动机停止工作，主旋翼改为利用迎面气流吹动自转提供升力，完全转变为自转旋翼机模式，前行动力完全由拉进式螺旋桨提供。由于主旋翼在动力模式下是由桨尖喷气发动机驱动的，在非动力模式下是吹动自转，所以也就不存在控制反扭矩的问题，也就不需要安装尾桨。

"罗特迪恩"仅建造了一架原型机，在 1957 年 11 月 6 日首飞。该机机组两人，可以载客 40 名，空重 9979 公斤，起飞重量 14969 公斤。试飞中发现该机最大飞行速度可达 307 公里 / 小时，巡航速度 298 公里 / 小时，超过了当时的主要直升机。"罗特迪恩"最大航程为 724 公里，升限 4000 米。

虽然这种设计有不少优点，测试中表现不俗，但该项目最终还是在 1962 年被取消。取消的主要原因是没能吸引到商用订单。有记录显示该机飞行中旋翼尖端喷气发动机会产生很大的噪音，让不少商业企业望而却步。另外政治原因也是个要素，该项目研发是政府出资，这在某种程度上阻碍了商业订单的获得。看来，新概念技术要走向实用，要做好持续投资、持续改进的充分准备，此外，商业项目还是依靠纯商业模式才好。

1957
费尔雷新概念旋翼机

1958
直升机放生小山羊

    这张照片拍摄的时间大约是 1958 年。照片中，一名救援人员打开笼子，一只小野山羊从里面欢快地奔出来，跑向瑞士恩加丁（Engadine）的山野。把小山羊带到这里的，是远处那架贝尔 47J 直升机（注册号 HB-XAU），它是瑞士零售公司 Coop Basel 于 1957 年购买的，作为礼物捐赠给瑞士航空救护机构（Rega）。值得一提的是，成立于 1952 年的瑞士航空救护机构并非一家政府机构，而是一个私营非营利组织，致力于为瑞士和列支敦士登提供航空救护服务，特别擅长山地救援。

1960 年出厂的巴德 152 第二架原型机，机首的透明领航舱和翼尖的辅助起落架都被取消，起落架改为前三点式，主起落架位于发动机吊舱内。

1958
东德的民航雄心

1955 年 6 月 17 日，苏联图 -104 首飞，成为世界上最早的喷气式民航客机之一。这一成功鼓舞了民主德国（即东德）政府，决定制造用于国内航线的国产喷气支线客机。东德政府委任资深飞机设计师巴德作为项目负责人。东德政府并不满足于仅仅开发一种喷气式客机，他们决定同时开发一种喷气发动机——皮尔纳 014（Pirna 014）。这种发动机由苏联遣返的德国工程技术人员研制，与德国二战期间研制的涡轮喷气发动机非常相似。

1958 年 4 月 30 日，首架原型机（DM-ZYA）由德累斯顿国营飞机制造厂（VEB）制造完成，有人将该机称为巴德 152。原型机采用上单翼布局和自行车式起落架，

两侧翼尖带有可收放辅助起落架，机首装有透明领航舱。1958 年 12 月 4 日，巴德 152 完成了首次试飞，由于当时皮尔纳 014 尚未就绪，原型机使用的是苏联图曼斯基 RD-9 涡喷发动机。试飞持续了 35 分钟，一切顺利。但好景不长，就在 1959 年 3 月 4 日第二次飞行时，原型机突然坠毁，机上 4 名机组人员全部丧生。事故原因可能是由于燃油系统内有空气造成阻塞。

1960 年 7 月 30 日，第二架 152 原型机 152/II V4（DM-ZYB）开始地面测试。这架原型机起落架做了修改，改为前三点式，主起落架安装在发动机吊舱上，取消了辅助起落架和机首透明领航舱。同年 8 月 26 日，该机进行

1958 年德国莱比锡博览会上亮相的巴德 152 首架原型机（DM-ZYA），照片中可以清楚看到机首的透明领航舱和翼尖的辅助起落架。

了试飞，这次总算装上了皮尔纳 014 发动机。9 月 7 日，第三架原型机 152/II V5（DM-ZYC）出厂，但地面测试发现燃油系统存在故障隐患：在飞机大角度下降时无法正常供油。这一问题促使东德政府立即下令停止 152 项目的全部飞行试验。

此时美国波音 707 已经横空出世。而东方阵营内，当时苏联正在大力向社会主义盟国推销图 -124 喷气式客机。这种氛围下，苏联政府显然不希望有任何来自同一阵营的竞争对手，更不会支持 152 型的任何后续发展。反观巴德 152 自身，它的机身和动力设计都存在问题，飞机载荷偏小，航程过短。无论是图曼斯基 RD-9 还是东德

自己的皮尔纳 014，推重比都显得不足，油耗又相对较高。

1961 年东德政府下令取消巴德 152 研发项目。这一指令几乎摧毁了整个东德航空制造业——所有正在制造准备用于交付德国汉莎航空的近 20 架量产型 152 全被拆毁，作为废旧金属投入熔炉。至于东德政府花费不少精力开发的皮尔纳 014 发动机，后来被改成扫雷艇用燃气轮机，从此与飞机再无渊源。至此这个耗资 20 亿东德马克的社会主义明星工程，就这样彻底终结。目前巴德 152 的全部遗存，就是保存在德累斯顿的一段巴德 152 机身部段。

1959
天上有台大吊车

1959 年正在进行载荷飞行试验的美国西科斯基 S-60 "天空吊车" 重型运输直升机原型机（注册号 N807）。S-60 是西科斯基亲自参与设计、制造和测试的最后一种旋翼飞行器。该机于 1958 年开始设计，机体极为简单，由中央横梁、两侧动力吊舱、纵向龙骨以及头部的乘员舱组成。S-60 两侧硕大的动力吊舱内，各装有一台 18 缸普惠 R-2800-54 "双黄蜂" 星形活塞发动机，每台可以输出 2100 马力（1600 千瓦）的功率。S-60 可以通过一个特制的方形载荷舱装运货物，载荷舱可以直接挂装在龙骨下方，也可以通过吊索吊运其他车辆和大型装备。最大载货重量 5400 公斤。测试发现 S-60 动力不足，于是西科斯基重新回到绘图板。这次西科斯基为直升机配备了功率强劲的 4100 马力（3020 千瓦）JFTD-12A 涡轮轴发动机，新机于 1962 年 5 月首飞，命名为 S-64 "天空吊钩"，军用型称作 CH-54 "塔和"（Tarhe）。直到今天，民用版 S-64 仍有使用。

1959
"准将"在布达佩斯

1959 年的某一天，一位匈牙利摄影师在布达佩斯 XI 机场上按下快门，拍下了这架捷克斯洛伐克爱罗 L-60 "准将"轻型飞机。1953 年首飞的"准将"是一种小型上单翼螺旋桨多用途飞机，具备不错的短距离起降能力。从外观上看，"准将"很像"二战"时期德国菲茨勒 Fi.156 "长脚鹬"侦察机，其实这也情有可原——"二战"中和战争后捷克斯洛伐克都曾许可制造过 Fi.156。1960 年停产时，L-60 总计生产了 273 架。1955 年周恩来总理访问捷克斯洛伐克，捷克政府曾将一架 L-60 作为国礼赠送周总理，如今这架飞机保存在北京航空航天大学博物馆。

1950s
背着照相机的轰炸机

　　20 世纪 50 年代末，法国某地上空，两架漂亮的法国飞机正在编队飞行。两架飞机机身上的注册号 F-BBTN 和 F-BBTM 说明，它们的型号是 LeO 455Ph，是由法国在"二战"前开发的 LeO 451 双发中型轰炸机基础上改进而来的专用航空摄影飞机，隶属法国空军航空摄影大队第 3 中队。在 1948—1950 年间法国曾将 5 架 LeO 451 改装成 LeO 455Ph，采用了更大的椭圆形垂直尾翼，换装了 1600 马力斯奈克玛 14R 发动机。在被摄影师的快门记录下来时，这两架 LeO 455Ph 正在为法国国家地理局（IGN）"打工"，从事航空摄影任务。法国国家地理局成立于 1940 年，专门负责收集和保存法国全境及海外属地的地理资料。

1960
飞行摩托

在 50 多年前英国萨里郡（Surrey）的朗迪顿（Long Ditton），新闻记者对着这辆奇怪的摩托按下快门时，可能不会想到这样的飞行摩托概念在 50 多年后仍然新潮。这张照片上正在驾驶摩托的人并非普通群众，而是英国航空工业大力推进者布拉巴赞爵士（Lord Brabazon）。这款被称作世界上首款气垫摩托的新概念交通工具，由美国工程师查尔斯·罗德斯（Charles Rhoades）研制，结合了气垫船和摩托车技术，动力装置是一台排量 250 毫升双缸 2 冲程活塞发动机。通过风扇将前方空气吸入并充入下方气垫围裙。这辆摩托可以离地面 10 厘米左右，在陆地和水面都能行驶。

1960
两位明星到荷兰

　　1960 年 6 月 9 日，苏联莫斯科大剧院芭蕾舞团（Bolshoi Ballet，也称波尔休瓦芭蕾舞团）搭乘苏联民航图 -104 喷气式客机抵达荷兰阿姆斯特丹施基浦（Schiphol）机场。这是苏联这个久负盛名的芭蕾舞团第一次来到荷兰演出。这是一次非常特殊的文化交流活动，因为自 1956 年以后，该芭蕾舞团从未在苏联以外地方进行过演出活动——演出活动主要在莫斯科。在施基浦机场，这支来自苏联的著名芭蕾舞团受到公众的热烈欢迎。看来，尽管意识形态存在巨大的分歧，但艺术的本质始终是相通的。除了莫斯科大剧院芭蕾舞团，搭载艺术家们成行的图 -104 客机是当时苏联航空工业的另一位明星。在英国"彗星"喷气式客机于 20 世纪 50 年代因疲劳问题导致的空中解体事故多次发生后，图 -104 一度成为世界上投入运营的唯一一种喷气式客机，苏联人当时宣传它是"第一种成功的喷气式客机"。然而，图 -104 显然过多保留了其改造平台——图 -16 轰炸机的某些特点，除了机身直径加大以容纳客舱外，机翼和发动机等部分几乎未做改动，不仅油耗较大，起降性能也较差。曾有一些图 -104 在起飞时几乎冲到跑道尽头才勉强拉起，而着陆时速度又过快，制动能力明显不足，出现过刹车系统过热导致起火燃烧的案例，为此不得不借助减速伞帮忙。但这样的减速制动措施显然增大了机场的维护保障负担，最起码得有专人去捡拾抛掉的减速伞，此后还要经过必要的检测并按照特殊程序重新叠好装入减速伞舱。这样，图 -104 的地面维护保障时间会明显加长。

1960
机美车美人更美

两个头戴船形帽、身着制服的斯堪的纳维亚航空公司（SAS）地面女服务员骑着造型典雅的摩托车，以本公司一架美制道格拉斯 DC-8-33 喷气式客机为背景，留下了这张迷人的照片。DC-8 曾经是与波音 707 齐名的四发动机喷气式客机，在拍摄这张照片的 1960 年，波音公司和道格拉斯公司的波音707 和 DC-8 还正在市场上激烈角逐，胜负未分。两位女士骑的是意大利比亚乔公司（Piaggio）制造的"维斯帕"（Vespa）小型踏板摩托车。有趣的是，比亚乔也是一家航空企业，第二次世界大战中为意大利空军制造过许多军用飞机。Vespa 在意大利语中意为"黄蜂"，这种摩托车是比亚乔在 1946 年推出的创意产品，专门以女性为主要客户群。这种小摩托车有着迷人的流线外观和浑圆的美学设计，投入市场后立即引起购买风潮。一时间时尚女性无不以拥有和使用"维斯帕"为荣。让"维斯帕"迅速风靡世界的，还有 1953 年那部追捧到爆的言情片《罗马假日》，片中女主角奥黛丽·赫本骑着"维斯帕"，在罗马街巷里潇洒行驶的画面，成为美女加美车的典范组合，迷倒了无数拥趸。

1960
伦敦惊魂

　　1960 年 10 月 9 日，英国费尔康航空公司（Falcon Airways）一架汉德利 - 佩季 HP.81 "赫尔墨斯" IV（Hermes IV）客机（注册号 G-ALDC）在伦敦南端机场着陆时冲出跑道，撞上了机场边缘的护堤，前起落架连根折断。飞机越过护堤，冲向另一侧的繁忙铁道，趴在路基上。万幸的是，铁道上没有列车经过，虽然飞机彻底报废，但机上 76 名乘客无人受伤。这次事故的直接原因是跑道积水导致机轮摩擦力急剧降低，机长虽然采取最大刹车，但无济于事。跑道积水对于民航客机的降落性能的影响，自此被民航界广泛关注。在机轮的设计和跑道路面设计上，都采取了特殊措施，保障飞机在跑道积水情况下降落仍能具备足够的摩擦力，确保降落安全。今天，积水跑道路面滑行试验，已经成为民用飞机适航审定要求的重要科目，是一个必过的考核。今天回望历史上的每一次民航安全事故，都为后来的适航要求提供了宝贵的经验教训。

1960
米 -10 · 长脚力士

在重型直升机研制上，苏联人一直位居世界前列。1960 年 6 月 15 日，苏联成功首飞了著名的起重直升机米 -10，比美国西科斯基 CH-64 早了近两年。米 -10 的成功得益于更早的米 -6，前者的发动机、尾桨、传动机构和操纵系统的基本设计思想，均来自米 -6。

米 -10 配有超高的强化起落架，主要采用外挂骑吊方式运载货物，机身内部不设货舱，从而简化了机身设计。米 -10 装两台 5 500 马力（4 100 千瓦）索洛维耶夫 D-25 涡轴发动机，机身前部为驾驶舱，机身下方装有闭路电视摄像机，用来在飞行和起降过程中监控舱外货物以及起落架状况。米 -10 能够运载人员舱、集装箱、大型油箱、医疗舱等设备，最大起吊重量接近 15 吨，可以将 12 吨的货物运往 250 千米外的目的地。在 1961 年 9 月 23 日的试飞中，米 -10 创下了直升机起重世界纪录——吊挂 15103 公斤货物飞至 2 000 米高度。从涂装上看，这架米 -10 应为第二架原型机 CCCP-04102 号机。照片右下方有一辆 ZIS-150 型军用卡车，中国人习惯称之为吉斯 150，也就是中国"解放"CA-10 的原型。远处那辆航空油罐车，则是明斯克汽车制造厂出品的 MAZ-200。

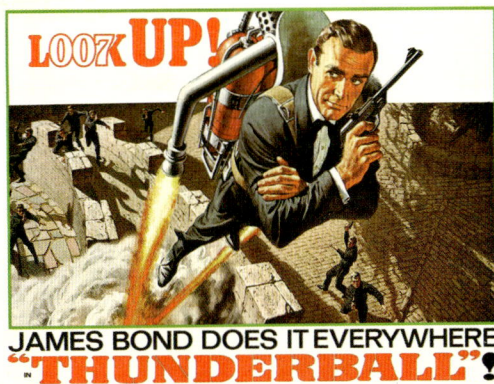

1965 年 007 影片《霹雳弹》宣传海报。画面上辛·康纳利饰演的詹姆斯·邦德背着的就是贝尔公司的火箭背包。

1961
阿灵顿的火箭背包

　　这张照片拍摄于 1961 年 6 月 16 日，地点是在弗吉尼亚的阿灵顿五角大楼外侧。那个缓缓掠过一辆汽车的飞行者，是纽约布法罗贝尔航空技术公司工程师哈罗德·格雷厄姆（Harold Graham），此刻他正在为军方展示自己发明的火箭动力背包。把火箭设计成背包，背负在士兵背后，实现单兵快速机动的想法，自从 20 世纪 50 年代起就一直吸引着美军。火箭动力背包尽管看似十分诱人，但其操控性仍不尽如人意，而且航程也较为有限。正因如此，这种背包并没有出现在美军机动部队士兵们的后背上。

1962
气垫 ROVER

这张 1962 年的照片可能拍摄于某次英国技术展示活动现场。画面记录了英国维克斯 - 阿姆斯特朗公司尝试的一项创新技术——把一辆 ROVER 越野车（ROVER 在中国常常被翻译成罗孚）改造成"气垫卡车"。通过充气围裙内部形成的气垫，这辆车略微被抬离地面，可以在草地

和水面上行驶。不过，这辆车并不是真正的气垫船，其气垫围裙内侧仍保留了车轮，当气垫发挥作用时，车轮对地面的压力变得很小，可以轻松地在较为崎岖的地面甚至沼泽湿地上行驶。

维克斯 - 阿姆斯特朗推出这项技术并非突发奇想，而

是打算为那些农场主开发一种可以改装的多用途农用车辆——可以安装农药喷洒器，成为疾行在田间地头的植保装备。维克斯 - 阿姆斯特朗将为客户提供一套改装套材，他们可以在家改造自己的罗孚。为了给气垫围裙充气，这辆"气垫罗孚"除了汽车自身发动机外，还需要增加一台发动机，这样势必增加汽车的重量，降低其载重能力；而从气垫里喷涌而出的气流，又让车后部安装的农药喷洒装置的喷洒效果大打折扣。作为农用作业车辆，"气垫罗孚"被认为是失败产品，但是作为一种创意却值得怀念，至少它真的让一辆罗孚汽车以悬浮状态行驶过。

1962
贴地飞行的
银色嘎斯

在对未来城市交通的各种构想中，似乎没有人会忽略飞行汽车，特别是看过《第五元素》的那些达人们，更是憧憬着未来满城飞汽车的美妙景象。实际上在飞行汽车近百年的历史里（含概念期），许多国家的许多人都进行过各种创意试验，红色苏联自然也不例外。如果去看看苏联时代的高尔基汽车制造厂的历史陈列，你会发现当年的嘎斯-16 就是一款贴地飞行的创意汽车。

1960 年是苏联汽车工业最为辉煌的时刻：苏联汽车工业部制订了雄心勃勃的发展计划，工程设计人员的想象力和创造力几乎不受任何局限，而当时的投资规模也足以让他们有机会去完成一些相当奇妙甚至科幻的创意。

这个鼎盛时代中最具象征意义的典型便是高尔基汽车制造厂设计制造的气垫汽车，它有一个让当时苏联人耳熟能详的名字"海燕"——没错，就是取自高尔基的《海燕》。这种气垫汽车也有一个正式编号：嘎斯-16（GAZ-16）。

作为社会主义苏联汽车工业的新成就，1962 年嘎斯-16 样车完成制造。它实际上结合了全地形车和气垫技术，而且并没有取消轮子：在气垫裙边内部，装有 4 个和普通汽车一样的车轮。在平坦地面上行使时，嘎斯-16 像普通汽车一样使用轮子开动。由于采用了一台嘎斯-13 的195 马力 V8 发动机，样车最快可以跑到 170 公里 / 小时，巡航速度大约是 70 公里 / 小时。

如果是在野外条件下，轮式底盘可以在液压机构帮助下把车轮收起，随后两个直径 1.2 米的风扇就开始向气垫内部充气，把车体提升到距地面 150 毫米的高度。以这样的姿态，嘎斯-16 就可以在野外地面疾驰或者水面凌波了。

试验发现嘎斯-16 样车的性能不够好，因为在使用气垫状态下没有直接推进设备，车辆行驶速度最大只有 40 公里 / 小时，而且操纵性较差。于是工程师照气垫船的模样给嘎斯-16 加装了两副 3 叶螺旋桨，通过独立的摩托车发动机驱动，为气垫状态下的行驶提供推力。经过这样一改，车子的操控性好多了，这种改进型被称作嘎斯-16A。

后来工程师又给嘎斯-16A 换上了更强劲的发动机，这回上场的是米 -2 直升机的心脏——GTD-350 涡轮轴

发动机。由于功率从 195 马力跃升到 394 马力,嘎斯 -16 速度提升显著,在水上和陆地上都有了行走如飞的景象。经历了如此换心手术,车子的动力性能显著提升,名字也升级为嘎斯 -16B。

但是尽管工程师做了不少设计和改进工作,嘎斯 -16 还是没能进入批量生产,其中原因挺多:嘎斯 -16 在轮式状态时要求必须使用平整的柏油路,而在气垫状态下不能

通过过于凸凹的地形,越野能力不强。此外由于动力系统过于奢侈,加之没有使用柔性气垫裙边,这辆车的使用经济性也不好。由于只有 500 公斤载重能力,嘎斯 -16 作为军用也不合适,而且发动机维护并不轻松。

最终的结果是嘎斯 -16 项目下马,样车自然也就没有留下全尸的借口。今天在高尔基汽车制造厂博物馆里,只留下了嘎斯 -16 的前半截车体。

CCCP-45005

1963
苏联工业成就展上的图 -124V

在 1963 年莫斯科国家经济展览中心（如今叫作全俄展览中心）举办的一次工业成就展上，一架苏联制造的图波列夫图 -124V 喷气式民航客机停放在广场上的大型露天展台上。与图 -104 一样，缩小版的图 -124 同样是当时社会主义民用飞机工业的骄傲。

在图 -16 轰炸机基础上成功发展出图 -104 喷气式客机后，图波列夫设计局又根据苏联民航的要求，将图 -104 缩小成一种支线客机，以取代螺旋桨式伊尔 -14，这就是图 -124。相比图 -104，图 -124 虽然在外形上与前者极为相似，但还是做了一些改进，比如采用了双缝襟翼、更大的中部减速板和自动加热装置。更为重要的区别在于，图 -124 起落架内侧的机翼后缘没有后掠设计。但是由于沿用了图 -104 的基本设计，图 -124 也保留了图 -104 一些固有缺陷，如必须安装减速伞，振动较大，机翼疲劳寿命较短。1960 年 3 月 24 日图 -124 原型机首飞成功，1962 年开始交付苏联民航运营，最初用于执飞莫斯科到爱沙尼亚塔林的定期航线。

这里展出的这架图 -124V 是图 -124 基本型的改进型，载客量从 44 人增加到 56 人，航程和起飞重量也有所增加。这次展览举办时，图 -124V 刚刚完成研制，尚未投入运营（该机 1964 年投入运营）。

1965 年，一架图 -124V 还出现在巴黎航展上，苏联人迫切希望该机能打开出口市场。尽管苏联人为图 -124 开出的报价很诱人——只有 145 万美元（1965 年），但最终选购图 -124 的只有同属社会主义阵营的捷克斯洛伐克和东德。

1964
洛克希德 2000VS
波音 733

　　1964 年 7 月 13 日，美国联邦航空局试飞员乔 · 蒂姆捷斯金（Joe Tymczyszyn）在向公众展示两个构想中的超音速客机方案模型。上方的是洛克希德 2000，下方的是波音 733 可变后掠翼方案。20 世纪 60 年代中期，波音和洛克希德两家公司都试图研制商用超音速客机。1961 年美国联邦政府同意为商用 SST（超音速运输机的英文缩写）提供经费，以便用这一产品同英法合作的"协和"竞争未来的超音速航空运输市场。经过竞标评估，美国政府最终选定了波音方案。波音奋力工作几年后，等来的是美国政府取消对 SST 资金支持的决定。

1964
波兰女孩爬上雅克 -18

航空的本质是对自由、创新、开拓精神的追求。如果想让一个孩子励志，那最好的途径就是让他（她）试着去了解航空、接触航空，去感知人类为了融入天空所经历的艰难困苦、荣耀辉煌。其中的内涵，远比那些曼妙童话与深邃寓言更为真挚。在欧美，航空很早就被自然而然地赋予社会教育的职能。这幅拍摄于 1964 年的照片上，波兰空军第 15 航空团一次开放日活动中，几名身着典型波兰民族服装的女孩，爬上一架雅克 -18 教练机的机翼，站在另一侧的飞行员则笑容可掬地为孩子们讲解座舱布局和飞机性能。早在第一次世界大战之后，欧美就已经意识到军事航空是一项需要大批专业人才的事业，而这类人才的培养要想实现最优效果，必须在低龄时期建立良好的航空意识，由此也就有了各种亲民的航空展示活动。等到以航空为主题的商业活动出现并发展时，更促进了航空文化在全社会的蔓延和深入。这样的直接后果，就是社会航空人才的储备变得丰富，为军民航空活动提供了稳固基础。中国如今大力发展通用航空，装备和管理等问题还都好解决，但人才的培养造就尤为艰难，其中历史上航空文化的缺失就是重要原因。

1960s
米-4 飞过谢列梅捷沃

这张照片显然是从空中飞行的飞机上拍摄的，拍摄平台极有可能是一架直升机。照片的拍摄时间是20世纪60年代第一个5年，地点是苏联谢列梅捷沃国际机场（Sheremetyevo）。1959年投入使用的谢列梅捷沃国际机场位于苏联莫斯科州希姆基，距离莫斯科中心西北方29公里，是苏联/俄罗斯航空的枢纽机场，如今也是俄罗斯第二大机场，仅次于多莫杰多沃国际机场。画面上，一架苏联航空米-4运输直升机飞行在机场候机楼上方，下方能看到两架苏联民航图-104喷气式民用客机，注册号分别为CCCP-42418和CCCP-42434。当时苏联为许多图-104都赋予充满社会主义优越感和荣誉感的命名，CCCP-42418就被命名为"俄罗斯纪念"（Русский сувенир），CCCP-42434被命名为"优胜者"（Самые первые）。在画面上方远处还能看到两架螺旋桨式飞机，左侧的似乎是一架伊尔-14客机，右侧的似乎是一架DC-3。

1965
河岸广场上的卡 -18

　　1965 年，匈牙利布达佩斯工业展览会期间，56 广场（河岸广场）上陈列的苏联民航卡莫夫卡 -18 直升机。卡 -18 是一种 4 座多用途直升机，1955 年首飞，使用一台 280 马力伊甫琴科 AI-14VF 星形 9 缸活塞发动机，驱动一副共轴双旋翼系统，取消了尾桨，总产量不过 120 架。该机空重 1060 公斤，最大起飞重量 1480 公斤，最大速度每小时 150 公里，适合农业和短途运输。在以苏联为首的社会主义阵营里，苏联拥有绝对的政治和技术优势，在各种工业和经济活动中，苏联技术产品也都居绝对主流。

1965
布兰尼夫空姐们的气泡盔

　　1965 年，布兰尼夫航空公司（Braniff）引进了一款充满想象色彩的新式空姐制服。这套制服的设计者是意大利大牌设计师埃米利奥·普奇（Emilio Pucci）。除了制服本身，普奇这套作品上身后最能让人目光聚焦的部分是那个火星人一般的透明头盔。这顶塑料制作的气泡状头盔的作用是在经常有高速气流光临的机场地域保护空姐们精心梳理的发型不会被风雨蹂躏。但是遗憾的是，空姐们在使用过程中发现这个又大又笨的头盔一点儿也不实用，就连找个地方放都难。这款头盔很快就被空姐们弃之不用，但是在各种广告照片中，这款头盔却让公众把它与当时太空技术和外星访客的形象自然而然地结合起来。当时一提到布兰尼夫，人们首先想到的就是那个可爱到搞怪的气泡头盔。

1966
喷气竞争的苏黎世剪影

　　有时摄影师按下快门的时候，可能不大会意识到这张照片将标定一个特殊的时代。这张照片拍摄于 1966 年 2 月 6 日，地点是苏黎世国际机场。画面上密集停放的 4 架飞机，几乎就是那个时代喷气式民用客机竞争格局的小剪影：从最左侧逆时针方向，依次能看到美国环球航空（TWA）的波音 707-331，希腊奥林比克航空公司的英国德哈维兰 DH-106"彗星"4B，捷克斯洛伐克 CSA 航空公司的苏联图波列夫图 -104A，以及荷兰皇家航空（KLM）美制道格拉斯 DC-8 客机。再后来，图 -104 系列因为经济性和安全性问题走向没落；"彗星"也因 20 世纪 50 年代多起事故失去了市场良机；DC-8 起初尚能与波音 707 争得均势，但后来道格拉斯在产品系列化和市场细分化道路上出现偏差，一败涂地。在波音成为最后的胜利者之后，欧洲各国航空工业决心联合与之争衡，结果是组建了空客集团。40 多年过去，空客历尽磨难，最终到底实现了与波音分庭抗礼的蓝图。

5 逐鹿全球

1968
ITB 上的 VC-10

1968 年柏林世界旅游产业博览会上（ITB），一个德国家庭被英国展商带来的一架尺寸很大的飞机模型所吸引。这是英国维克斯公司研制的超级 VC10 喷气式客机。1962 年首飞的 VC10 是维克斯公司设计的最后一种飞机，虽然这款飞机仍命名为维克斯 VC-10，但实际上 1962 年它首次飞上蓝天时，维克斯公司已经与阿姆斯特朗公司合并，成为英国飞机公司（BAC）的商用飞机分部。按照英国海外航空公司（BOAC）的要求，VC10 要能在非洲高温高海拔且长度较短的跑道上起降。这一要求虽然适用于那些非洲和中东国家，却限制了其在广大世界市场上的竞争力。为了实现非洲高原高热短跑道运行能力，VC10 采用了 5 片后缘宽弦富勒襟翼和全展向前缘缝翼，配以低压轮胎，高耸的 T 形尾翼和尾吊 4 台罗罗"康威"发动机是 VC10 的典型外部特征，这常常让人联想起苏联伊尔 -62，这两种机型是世界上唯一两种采用尾吊 4 发动机布局的商用客机。尾吊发动机保障了客舱内的安静性——虽然维护和可靠性方面会付出代价。BOAC 特地为 VC10 准备了一句精辟得让人拍案的广告词："小试一下 VC-10 的温柔"（Try a little VC-Tenderness）。VC10 最大飞行速度可达 933 公里 / 小时，曾用 5 小时 1 分钟时间跨越大西洋，创下亚声速飞机跨大西洋的世界纪录（仅次于超声速客机"协和"）并且一直保持至今。

虽然乘坐舒适，但只有 BOAC、英国联合航空公司（BUA）、东非航空公司、加纳航空公司、马拉维航空和皇家空军购买了 VC10。VC10 总共只生产了 12 架。为了降低客座 / 英里成本，维克斯公司在 1964 年推出了 1511 型超级 VC10，机身长度、载客量和起飞重量均相应增加，

发动机推力也为此提升。然而市场却并未因改进而扩大：BUA 订购了 VC10，要求增设前部大型货舱门，此后加纳航空、东非航空也订购了该机。皇家空军运输司令部则采购了 14 架，此后又陆续从航空企业采购 VC10 和超级 VC10，改造成空中加油机，一直服役到 2013 年。包括超级 VC10 在内，VC10 全系列总产量也仅有 54 架，如果英国航空工业和运输企业不是狭隘地只考虑非洲（英国传统殖民地）市场，而是胸怀世界，那么 VC10 的未来可能是另一种样子。

1968
小憩的 PZL 104

　　1968 年，一架波兰国家飞机制造厂（PZL）生产的 PZL 104 "金莺"短距起降轻型飞机停放在波兰华沙附近的机场。飞行员（右）正同乘客——一位背着伞包的运动员交谈，可能在商谈他们即将进行的跳伞训练的任务细节。PZL 104 是波兰一款著名的民用多用途飞机，可说是波兰飞机制造业的标签产品。这种飞机 1962 年首次飞行，次年开始服役，除一名飞行员外，还可以搭载两名乘客。PZL 104 使用一台伊甫琴科 AI-14RA 型 9 缸气冷活塞发动机，因为性能出色，维护简便，使用成本较低，成为一款很受欢迎的多用途飞机，从 1962 年一直生产到 2006 年。不仅在民用领域广泛使用，一些国家还把它作为教练机和联络机使用。总产量超过 1000 架。这张并不常见的历史旧照清楚地显示了 PZL 104 的设计特点，可以看到它的机翼采用了全翼展后缘襟翼和前缘固定式开缝襟翼；飞机起落架为后三点式，主起落架立柱较高，这些都是该机良好的短距起降性能的保证。

1968
总装协和

英国兰菲尔顿英国飞机公司（BAC）厂房内"协和"002号原型机总装现场，摄于1968—1969年间。作为英法合作产品，英航订购的"协和"由英国飞机公司（BAC，已并入BAe系统公司）制造，法航的"协和"由法国国营南方航空制造厂（Sud-Aviation，现为EADS一部）在图卢兹生产。有趣的是，法国版"协和"采用公制标准，而英国版"协和"则保持英制规范。"协和"结构大量采用时效硬化铝合金（又称杜拉铝，为铝和铜、锰、镁构成的合金），其在飞机全寿命期内最高工作耐受温度为127℃这一温度决定了"协和"最高飞行速度——2.02马赫。"协和"起飞后到爬升至高空，机体温度下降，加速至超声速过程中温度会急剧攀升；减速时再度降温，下降时温度重新上升，整个运行过程中经历两个温度升降循环。为了确保金属蒙皮可靠耐用，科研人员进行了大量的金属温度耐受性测试。

超声速飞行时，机体升温导致的热胀效应会让机体长度增加300毫米，接近1英尺，最直观的证据是，原本严丝合缝的飞行机械师控制面板和舱壁之间会出现一个很窄的缝隙。有些退役"协和"在进行最后一次超声速飞行时，机械师会把自己的帽子塞进这个缝隙，等到飞机降落冷却，帽子便被牢牢地卡在那里，成为永久的纪念。

1968
图-144 永远争第一

右页这张珍贵的苏联档案彩色照片记录了 50 多年前的一段往事。

1968 年 12 月 31 日，一年的最后一天。莫斯科郊外，一架外形酷似飞镖的大型喷气式客机呼啸升空，这是苏联图波列夫设计局研制的超音速喷气式客机图-144 首次升空试飞。照片是从右侧的伴飞客机上拍摄的，画面中还能看到左侧伴随飞行的一架曾用于图-144 研制工程的米格-21 改装测试机。照片中这 68001 号原型机起落架保持放下状态，机首活动部分也呈向下倾斜，这是强调安全的典型首飞构型。之所以抢在 1968 年最后一天首飞，是因为在欧洲另一端，英国和法国联合研制的"协和"超音速客机也走到了首飞阶段，苏联人必须在进度上抢占先机，以此体现东方社会主义阵营的"技术优势"。苏联人如愿了，图-144 比"协和"首飞早了两个月。那一刻，图-144 尾部的鲜红苏联国旗分外夺目。

1963 年 7 月，图-144 的研制工作正式展开。苏联人希望它能载客 140 人，飞行高度 16000 米，巡航速度

2000 公里 / 小时，大约合马赫 1.6。一切研制工作都在紧张进行，苏联人希望比"协和"更快。快与慢，先与后，俨然是社会制度优越性的体现。1969 年 6 月 5 日，图-144 在试飞中突破了音速，比"协和"早了 4 个月；1970 年 5 月 26 日，图-144 执行了首次商业运输航班，期间最大速度超过了马赫 2，又把"协和"甩在后面。1973 年巴黎航展上一架图-144 原型机在表演时坠毁，拖延了项目后续发展进度。1977 年 11 月 1 日，图-144 正式投入客运航班，这下子比"协和"晚了近两年。1978 年 5 月，又一架图-144 在交付试飞时坠毁，全部图-144 停飞，此时它们只执行过 55 次航班任务。此后图-144 作为货机使用，直到 1983 年。再后来，图-144 转作苏联航天计划测试和训练用飞机，也被租借给美国 NASA 进行超声速飞行研究。

从外观上看，图-144 与"协和"具有很高的相似度，西方媒体因此将图-144 称作是"协和斯基"。然而实际上，图-144 在设计上与"协和"存在较大的差异。图-144

的技术在扰流片设计和发动机控制等方面落后于"协和"。"协和"采用了卢卡斯公司出品的电子式发动机控制模块，而图-144却没有这样的设备。"协和"的设计师们使用燃油作为舱室空调和液压系统的冷却剂，十分巧妙；而图-144虽然也采用燃油/液压油热交换器，但却使用涡轮风扇给舱室降温。图-144不仅油耗大、震动大，噪音也很大，舱内达到90分贝甚至更高，更为严重的是，飞机在高速载荷状态下长期运行，结构安全性也存在很大隐患。

1969
天上的美食

　　20世纪六七十年代，商业航空作为一种出行方式仍然沐浴着最后的奢华余晖。这张照片是1969年在斯堪的纳维亚航空公司一架DC-8-33喷气式客机舱内拍摄。空乘们正在为乘客们提供斯堪的纳维亚风味冷餐。在DC-8量级的客机上，空乘们仍在试图延续30年前那种细致入微的高端航空服务：她们会用餐车将大块的火腿、咸肉和各种香肠送到您面前，任由您根据个人口味偏好选择，然后再用刀具为您切割摆入餐盘。同时捧上各种美酒。这种如同高档餐厅一样的美食体验，在今天已经难以想象。现在航空餐食常常被乘客抱怨的一个重要原因，是如今的航空运输服务，难以承受如此高端服务的低效率和高成本——毕竟大多数人都越来越看重手中机票的价格。随着航空餐食的预制化和标准化，这张照片中的口腹之欲早已成为美妙回忆。不过，一分价格一分服务，如果您选择的是某些航空公司的头等舱，没准儿还是能够体会到口感卓越的美食。

1970
图-124 的腹部硬气功

1970 年 8 月 18 日下午 14 时 40 分，瑞士苏黎世机场。一架捷克斯洛伐克航空公司所属、从布拉格飞来的图-124 型客机（注册号 OK-TEB）正准备降落。

随着飞机进入降落航路，飞行高度不断降低，塔台工作人员惊讶地发现，这架飞机竟然没有放下起落架！塔台工作人员立即发出语音警告，但为时已晚，这架图-124 已然接触跑道——不过不是用机轮，而是用肚皮。飞机肚皮以很高的速度与跑道路面摩擦，一路冒着火星前行了整整 875 米方才停住。所幸没有起火燃烧，而且也无人死亡，仅有少量轻伤，但整架飞机宣告报废。调查结果显示，

飞机的起落架并无任何故障，是机组人员在降落过程中没有启动释放机构。一番忙碌之后，调查人员总算搞清楚了状况。原来这架飞机在进近过程中舱内压力出了问题。我们知道舱内维持一定的压力，是保障乘客生命安全的重要技术措施。舱内压力维持系统出了问题，促使飞行机械师只能临时改用手动控制舱内压力——他的想法是维持到飞机着陆再说。由于一直忙于手动控制压力，所以等到机长下达放下起落架的指令时，手忙脚乱的飞行机械师压根儿没听见！其实原本图-124还有一道保险，就是语音提示，如果没有释放起落架，自动系统会语音警告，但是这套系统也被人关闭了——也许机组觉得它太罗嗦？结果，就发生了先头那一幕。这张照片显示的是苏黎世机场工作人员连夜搬运这架用腹部练过一回"硬气功"的图-124。

1971
DC-9 的爆裂发动机

　　1971 年 1 月 13 日，荷兰皇家航空公司（KLM）一架美制道格拉斯 DC-9 客机从阿姆斯特丹施基浦机场起飞。飞机升空后不久就发出一声巨响，右侧尾部的一台发动机发生爆炸！飞行员果断处置，凭借另一台发动机实施紧急返场迫降，最终飞机平稳停在跑道上。这些照片，就是飞机拖回机库调查时留下的。从发动机爆裂的状态看，其外壳上破损部位处于燃烧室之后，应该是涡轮叶片这类热端部件因为故障断裂飞出击伤所致。DC-9 使用普惠 JT8D-9A 涡轮喷气发动机，涡轮以极高的转速在高温高压环境下工作，每一片涡轮叶片不容许出现哪怕极微小的裂纹；一旦出现裂纹就可能发生突发断裂，飞出的叶片会如炮弹一样击穿发动机外壳甚至击伤机身，破坏性极大。而缺失叶片的涡轮由于失去平衡，会产生巨大的振动，严重时甚至会让主轴承失效。一旦整个涡轮脱落，对发动机和飞机造成的影响将是灾难性的。自 20 世纪 70 年代以后，对发动机旋转部件包容性设计要求变成重点。工程技术人员通过为发动机安装结实的包容环确保在叶片受损脱落时不会产生连锁损伤。

1971
莫斯科多莫杰多沃机场

这张照片拍摄的是 1971 年的苏联莫斯科多莫杰多沃机场。机场上停放着不少苏联民航的飞机——当年苏联民航使用的全部是苏联国产民用飞机。最近处是一架图波列夫图 -104B 喷气式客机——20 世纪 60 年代苏联社会主义航空工业的骄傲；后面正横向滑过的是一架伊留申伊尔 -18 涡轮螺旋桨客机；再后面能看到两架安东诺夫安 -12 运输机；远处还有几架伊尔 -18。当时的苏联航空工业，特别是民用飞机制造业，的确有着令人骄傲的成绩。而今天，一切似乎都被颠覆，苏联民航的继承者俄罗斯航空公司里，原有的俄制飞机正在被大量来自美国和欧洲的波音和空客所取代。俄罗斯非常希望能够重振民机产业，但世界适航技术体系和民机产业现状似乎将俄罗斯甩出很远。

1972
柏林航展上的A300

　　1972 年的柏林航展上，欧洲空客带来的空客 A300 宽体客机模型成为观众瞩目的焦点。在柏林航展上公开露面后几个月的 10 月 28 日，这种世界上首架双发宽体客机就完成了首次飞行。严格地说，空客 A300 这个名字放在该项目启动的 1967 年并不准确，当时空中客车这家企业还不存在——1967 年 A300 项目签署合作备忘录的时候，最初在备忘录上签字的是英国、法国和西德三国。1969 年 4 月 10 日，该项目遭受了一次重创：英国退出了该项目。5 月 29 日，法国和西德重新达成协定，继续推动该项目。正是以该项目为牵引，1970 年 12 月 18 日空客工业公司正式成立。

　　空客坚定地决心打造世界上第一架双发宽体客机——以波音 747 为代表的宽体客机当时的标配是 4 台发动机。A300 也是空客成立后量产的第一种产品。A300 标准两舱布局下可以载客 266 人，满载最大航程 7540 公里。这个客容和航程指标，一举打破了过去欧洲各国独立研制客机那种中小型中短途局促之作，具备了参与真正的国际而非"欧洲国际"航运市场的潜力。

　　1974 年 5 月 30 日，A300 的启动用户法国航空率先将该机投入使用。在经历了一段不可避免的市场空窗期后，A300 在 1978 年迎来了几张大额订单，此后产品销路一路向好。2007 年 7 月停产时，A300 的总产量达到 561 架，这是一个不错的业绩。然而对于空客，A300 的意义不在于此，它的成功奠定了空客系列化产品的规格基础，奠定了空客竞争力的核心价值观，奠定了空客乃至整个战后欧洲工业参与全球市场竞争的信心基础。A300，这个双发加宽体的创意火花，照亮了属于欧洲航空制造业的新世界。

1973
波音 707 到中国

　　这张照片拍摄于 1973 年。照片上是即将交付中国的首架波音 707 喷气式客机，这是中国民用航空运输一个全新时代的开始。1973 年中国订购了首批 10 架波音 707，总价 1.25 亿美元。仅仅用了数周，波音公司就交付了首架飞机。1973 年 8 月 23 日，中国大陆接收了首架波音 707——也就是这张照片中的 B-2402 号机。这标志着波音民用飞机正式进入中国，也标志着中国民航开启了现代化发展的新篇章。照片中这架波音 707 机身侧面如今已然归隐的中国民航汉字及标志，是一个特定时代的浓缩。而机翼前缘特色十足地从后向前翻转展开的克鲁格襟翼，则是早期喷气式大型客机的特征之一，后来在中国的运 10 上也能看到类似的设计。中国大陆从 1973 年开始引进波音 707 型客机，共运营过 15 架。最初由中国民航购买 10 架，分别由原中国西南航空公司和中国国际航空公司运营，1993 年开始陆续退出运营。上海航空公司于 1985 年 5 月引进 5 架二手波音 707-320C 型客机，仅运营三年多，1988 年开始陆续转卖。图中这架 B-2402 号波音 707 的经历也颇为波折，该机最初由中国民航运营，后转由原中国西南航空公司运营。1990 年 10 月 2 日，该机在广州由于受劫机事件影响被撞报废，所幸无人伤亡。

1973
盛况与竞争

　　这张照片拍摄于 1973 年巴黎航展期间。摄影者将镜头从空中对准地面静态展区，拍下了这张全景照。画面忠实反映了当时苏联展团和以法国为代表的欧洲展团的竞争态势。上方聚集成堆的大飞机，清一色都是社会主义苏联的招牌产品：伊尔-76 运输机、安-26 运输机、图-154客机、伊尔-62 客机、图-134 客机、雅克-40 客机和图-144 超音速客机，阵容波澜壮阔。而下方的法国则对应展出了达索"水星"客机、"猎鹰"公务机和英法合作的"协和"超音速客机。图中最为抢眼的形如梭镖的两架飞机，分别是图-144（上）和"协和"（下）。这张照片拍摄的时刻非常特殊，因为照片中这架图-144S 是该项目的原型机——苏联人急迫地把它推到巴黎航展上，希望能攫取更多的关注目光。也就是在本次航展上，这架注册号 77102 的原型机在表演中突然坠毁在数万观众面前，酿成惨祸。图中的"协和"虽然后来投入商业运营，但也只是短暂风光，很快因为经济和噪音等问题成为"问题飞机"。至于照片上的达索"水星"，也因为研发定位不准确，在竞争中败在波音 737 手下。

1973
"水星"往事

这张照片上的飞机乍一看大多数人都会认作波音737，然而事实并非如此。照片拍摄于1973年达索公司的总装厂房，这些双发喷气式客机，是达索当年挑战波音737的倾力之作——"水星"（Mecure）。虽然"水星"没能成为耀眼的明星，但是它却开启了欧洲大规模国际合作开发民用客机的先河。有人说，它为后来空客的成立埋下了伏笔。

20世纪60年代中期，法国飞机设计大师马塞尔·达索（Marcel Dassault）和法国民用航空局注意到世界上许多民用航线都属于短途航线，于是决定为这种航线需求设计一款新型喷气式客机。法国民用航空局雄心勃勃地希望达索借此研制一款足以匹敌波音737的产品，其客座数量略胜波音737一筹，达到140座。1968年，研制团队先是拿出了一个110到120座、尾部安装两台罗罗"斯贝"发动机的方案，此后又调整为150座级、航程1000公里的方案。

达索在设计机翼时采用了当时颇为先进的计算工具和方法，尽管该机比波音737更大，但是飞行速度却更快。现在达索抛弃了尾吊发动机方案，两台普惠JT8D15涡轮风扇发动机采用翼吊方式，新方案有一个颇为空灵且饱含希望的名字——"水星"，这个名字是马塞尔·达索亲自选定的。"我想用一位神祇的名字命名它，我能想到的只有那位头上和脚上都有翅膀的神灵，他就是众神的使者墨丘利。"

1969年4月"水星"研制工作全面铺开。制造工作在主承包商达索的安排下，由意大利菲亚特、西班牙CASA、比利时ADAP、瑞士联邦飞机制造厂和加拿大航空制造公司几家企业共同分担，最后的总装由达索负责。这一做法开启了一项纪录：这是欧洲民用航空领域首次大规模国际合作。1971年5月28日，"水星"100原型机完成了首飞。法国政府希望该机能赢得各航空企业的目光，短短数天后的6月2日，"水星"就赶奔巴黎航展进行飞行展示活动，此时该机仅仅进行过9小时的测试飞行。

为了大批生产"水星"，达索公司已经做好了火力全开的准备，先后建成4座工厂。1972年1月30日，法国Air Inter航空公司订购了10架"水星"。1973年7月19日，首架生产型"水星"实现首飞，1974年2月12日，"水星"拿到了法国民用航空局的适航审定资质。同年6月4日，"水星"进行了首次商业飞行，从巴黎奥莱机场飞往图卢兹和里昂。一切似乎都呈现出好兆头。达索希望不仅能拿到支线航空企业的订单，还能取得那些经营远程航线的大型航空企业的青睐，用"水星"作为道格拉斯DC-9的后继机型。然而在进入被道格拉斯和波音占据的美国市场时，"水星"遭遇了前所未有的困难。尽管有几家航空公司表示了兴趣，但一张订单也没能拿到。而此时另外几个事实更让"水星"的市场推广雪上加霜。首先，第一次石油危机严重压缩了航空公司的利润空间，打击了它们购置新机的热情。而"水星"使用的普惠发动机相对老旧，噪音较大，燃油经济性较差。为了解决这一问题，达索设计了新款的"水星"200，动力系统改为两台国货——斯奈克马/通用电气合作的CFM56发动机，可惜市场没给"水星"200翻盘的机会；其次，美国政府让美元贬值的决定让"水星"更加难以进入国际市场；第三，与美国相比，欧洲的通胀率更高，这让达索在与波音和道格拉斯等霸主竞争的格局中处于不利地位；最后，也是最为关键的一点，那就是航空企业更加倾向于使用航线适应性更广泛的飞机，同时承担短程和中程航线，这让仅能适应短程航线的"水星"吸引力锐减。最终的结果是，达索工厂一共只生产了10架"水星"100，1975年12月19日，"水星"总装线关闭。1983年7月11日，Air Inter又增购了一架"水星"，达索把02号原型机改装后交付用户，这是第11架交付的"水星"。

如此袖珍规模的"水星"机队自然谈不上什么市场生命力。到"水星"退役时，它们总计飞行44万架次、36万飞行小时，运送了4400万旅客，没有出过一起飞行事故，出勤率为98%。从历史角度上来看，这倒是一个不错的纪录，算是对达索的一点点慰藉。

1974
伊留申与哥白尼

　　1974 年 7 月的某一天，波兰首都华沙机场。一架隶属于波兰航空公司（Polish Airlines/LOT）的苏制伊尔 -62 大型喷气式客机停在停机坪上。细看机首左侧，你会发现有一个人物肖像，这位人物可是个大家，他就是通过科学研究否定流传千年的地心说，率先提出日心说理论的波兰天文学大师——尼古拉斯·哥白尼（Nicolaus Copernicus），这也是这架伊尔 -62 的名字。说起伊尔 -62，可是苏联民航工业的经典之作。这款 1960 年开始研制的远程窄体四发动机喷气式客机，可载客约 200 人。在 1963 年首飞时，伊尔 -62 是当时世界上最大的喷气式客机。1967 年伊尔 -62 加入苏联民航服役，率先执飞从莫斯科到加拿大蒙特利尔的航线，此后几十年一直是苏联远程客机的中坚。按照当时的条件，伊尔 -62 可以视为苏联航空工业的一项里程碑式作品，总产量达到了 292 架。鉴于苏联在当时社会主义阵营中的核心地位，超过 30 个国家曾使用过超过 80 架伊尔 -62。

1974

海牙法国使馆人质危机

这组照片记录了重要的历史一幕。1974年9月17日，一架法航波音707在荷兰海牙国际机场准备起飞。登机的人员只有15人，其中4人是日本赤军（JRA）成员，另外11人则是包括法国驻海牙大使在内的法国外交人员，他们是JRA的人质。在这一幕4天前的9月13日，3名JRA人员突然袭击了法国驻海牙大使馆，将法国大使和10名其他人员扣作人质。恐怖分子提出法国当局释放被羁押的赤军成员山田义昭（Yoshiaki Yamada），支付100万美元赎金、用法国飞机帮助他们离开作为释放人质

的条件。接下来双方开始谈判。就在谈判进行2日后的9月15日，有人向巴黎一家咖啡馆投掷了一枚手雷，导致两人死亡，34人受伤，其中包括两名儿童（致残）。这成为迫使法国政府屈服的最后一根稻草。最后双方达成协议，法国方面满足恐怖分子的要求，后者答应释放人质。这架法航波音707离开荷兰后先飞到南也门亚丁（Aden）加油，然后飞往叙利亚首都大马士革。在那里，恐怖分子释放了全部人质，这些人质随后被移交给法国驻大马士革大使馆。

1976
中国民航首航苏黎世

　　1976 年 2 月 11 日，中国民航客机首次飞抵瑞士苏黎世。这次飞行任务是一次包机飞行，机型是苏制远程客机伊尔 -62。苏黎世 - 克洛滕（Zurich-Kloten）机场经理埃米尔·埃格利（Emil Egli）和瑞士航空公司代表在机场贵宾室迎接中方机组人员，向他们表示欢迎。面对陌生国度全然不同的欧式装修贵宾接待厅，造型别致的高脚杯和葡萄酒，以及托盘里的各色茶点，中国民航的机组和空乘人员以特有的矜持和谨慎，与接待方共同庆祝中国民航客机在苏黎世的首次着陆。看到这些照片，不禁会让人想起那部电影《芳华》。

1976
"休斯"吊起"甲壳虫"

　　1976 年 11 月，一架美国休斯 M500D 直升机（N9038F）吊起一辆德国大众"甲壳虫"家用轿车，以此展示自己出色的吊挂能力。一辆标准的"甲壳虫"重量大约 800 公斤，而休斯 M500D 最大载荷能力超过 1 吨。此外该机飞行速度也十分可观，最大速度可达 175 英里 / 小时。

1978

飞机怼大楼

1978 年，电影道具师们正在摄影棚中搭建一个模型场景——让一架大比例波音 747 客机撞向一座摩天大厦。这是杰克黄金影业公司（Jack Gold film）的电影《触摸梅杜萨》（*The Medusa Touch*）里一幕惊人场景。《触摸梅杜萨》是杰克·高尔德（Jack Gold）执导的一部幻想悬疑片，片中主人公利用自己的超自然能力制造了不少杀戮和灾难，其中就包括让一架波音 747-200 客机撞击伦敦一座写字楼，以及让一艘载人宇宙飞船坠落。如今回望飞机怼大楼这一幕，在 1978 年这还是刺激惊险的电影娱乐元素；而放在 2001 年 "9 · 11 恐怖袭击事件" 之后，恐怕会让不少人感到寒毛倒竖。

1978

三叉戟 "打水漂"

　　1978 年 5 月 21 日，阿伯丁，英国航空公司一架德哈维兰 "三叉戟" 准备着陆。机场地区刚刚下过阵雨，跑道上有不少积水，然而当时人们对于跑道积水给飞机降落造成的隐患认识不足——机场地勤人员没有对跑道进行除水处理。这架 "三叉戟" 就在这样的环境下开始着陆。

　　飞机轮子一接触到跑道，飞行员们就感到有些不对劲。

副驾驶德雷克·布克（Derek Buck）后来回忆道："飞机刚刚接触跑道，我们就听到巨响，还以为飞机 4 个轮胎中有 3 个发生了爆胎。接着飞机就跌跌撞撞地冲出了跑道，扎进了草地。乘客们受到了惊吓，但是没有人因此受伤。事后我们才知道，跑道实在太滑了，飞机就像玩起了冲浪。我们的飞机以每小时 50 英里（80 公里）的速度冲出跑道

尽头，一头扎进了草地。"

　　事后调查发现，跑道上的积水较多，加之飞机接地时前向速度较大，飞机起落架轮胎和跑道路面之间的积水体造成了动力滑水，飞行员无法有效减速，几乎完全失控。动力滑水发生时，起落架轮胎与路面之间的水体会使轮胎完全抬升起来，整个轮胎在水体上滑行，就像滑水板在水面上的运动。这种滑水很少出现，但出现时轮胎的整体提升会让摩擦效应几乎完全丧失，机轮甚至不会起转。造成动力滑水的根本条件是较大的接地速度、较多的积水以及糟糕的道面状态。

　　结果飞机以每小时 50 英里的速度冲出了跑道尽头，最终停在跑道尽头 200 英尺开外。120 名乘客紧急撤离，当时还没有紧急逃生用的自动充气滑梯，人们只能通过帆布滑梯撤离，所幸无人受伤。

1970s
日夫科夫造访东德

20 世纪 70 年代末，保加利亚共产党总书记托尔多 · 日夫科夫（Todor Zhivkov）访问德意志民主共和国（民主德国 / 东德），民主德国埃里希 · 昂纳克（Erich Honecker）到机场迎接。背景中那架形体巨大的飞机是保加利亚政府专机——苏制图 -154B，尾部安装 3 台发动机是其典型外观特征。图 -154B 是图 -154 的改进型，鉴于图 -154/A 机翼出现裂纹问题，设计单位对机翼进行了强化处理，改进型飞机称作图 -154B，1975 年投产，最大起飞重量增加到 98 吨。飞机尾部五角星图案中的 TABSO 字样表示"保加利亚—苏维埃航空运输公司"，这是苏联与保加利亚联合组建的航空运输企业。当然在这个企业中苏联有相当的话语权。照片中的民主德国仪仗队手持苏式西蒙诺夫 SKS 半自动步枪，佩戴着那个时代典型的 M56 钢盔——这种钢盔斜度极大，外观颇似东方斗笠，是东德人民军的标配，从 1956 年一直服役到 1981 年。

1979
滑翔机和照相机

1979年，匈牙利基萨波斯塔格运动机场（Kisapostag）。这里正在举行女子滑翔机欧洲锦标赛。这架草坪上停放的西锐（Cirrus）滑翔机专为长距离飞行设计，是本次比赛的参赛飞机之一。趁着决赛前的静谧时刻，女选手坐在座舱内观看航图。有趣的是，飞机座舱侧面安装了两台Sentina-8照相机，它们的作用是进行比赛目标地域的拍摄，以便为评判成绩提供佐证。那个时代人们开始用固定式的高水平摄影器材，帮助更多的人从上帝视角去重新审视我们这个世界。

1979
邓小平在波音

1979 年 2 月 3 日下午，正在美国访问的邓小平造访波音埃弗雷特（Everett）工厂。在这座巨大的厂房内，他和波音公司陪同人员乘坐高尔夫球车代步参观，看到 6 架处于不同装配状态的波音 747，听到陪同人员讲述整个装配厂房的作业流程。3 年前，中国从波音订购了波音 747，邓小平显然对这次参观抱以极大的兴趣。抵达西雅图时，邓小平正患感冒，在美方拟订的各种活动计划中，除了外交礼仪性的午餐会和晚宴，邓小平唯一参加的活动就是参观波音工厂。美国航空工业的创新成果和发达程度，给邓小平留下了深刻的印象。

1982
伊卡露斯的 PALT 创意

右页绘画里那辆大巴车是否让你感到惊讶？如果是，那就对了。这是一款很有故事、很航空、很创意、很梦幻的大巴车。20 世纪 70 年代末，喷气式客机的快速普及让空中旅行的时间大幅压缩，与之相比，地面接驳的时间却显得冗长，坐飞机在机场花费的时间令人心焦：从登机口坐上摆渡车，到达停机坪，再登上舷梯车，才能钻进梦寐以求的客舱，而此时你的包裹可能还在登机的途中。问题总得解决，匈牙利一家公司提出过一种被称为乘客 & 行李一体化接驳服务（PALT）的运输系统，这家公司就是名气不小的伊卡露斯（Ikarus）。所谓 PALT 其实是一种新概念民用航空专用巴士，它把专用登机舷梯车、行李运

输车和传统巴士合为一体，可以从航空服务站点接运乘客和行李，直接抵达停机坪，并利用自带舷梯把乘客送上飞机。也可以逆向操作，把乘客从飞机上接下来直接送往交通枢纽。

1982 年伊卡露斯研制成功了第一款 PALT 系统，这就是大巴爱好者们至今念念不忘的伊卡露斯 692.01。这辆 14.6 米长的 4 轴双层大巴总重 17.72 吨，是个十足的大块头。因为车辆超宽（2.86 米）且超高（4.14 米），所以光有普通巴士驾照还不行，必须取得特种设备资质才能操作。伊卡露斯 692.01 配装一台 MAN200 系列卧式 6 缸柴油机，在 2200 转 / 分转速下可输出 220 马力功率。

这幅作品显示的是伊卡露斯 692.01 在把乘客送上一架图 -154 客机，请注意行李车正从车底层的行李舱取出 U 形行李托盘。

伊卡露斯 695.02 外观更为优雅

该车采用液压助力转向，舷梯也利用液压系统实现升降。1984 年伊卡露斯又推出了两款更大的 PALT 系统——伊卡露斯 695.01 和 695.02。尽管这些车辆设计不可谓不精良，但这一创新概念却始终没有成为量产产品——高昂的制造成本、与机场设备的兼容性，以及海关和安检等方面的技术管理和协调问题，都成为 PALT 量产的障碍。虽然 PALT 没能实现穿梭在城市交通枢纽与机场之间，但这一创新的火花却不会因此湮灭——至少在当时匈牙利几乎所有工业展览会上，PALT 都是绝对的明星。

1983
瑞士航空启动 A310

　　这张拍摄于 1983 年的瑞士航空空客 A310 记录了空中客车运营历程中的一个重要里程碑：该机是第一架投入商业运营的 A310。作为启动用户，瑞士航空率先为空中客车 A310 铺就了第一块商业成功的基石。空中客车 A300 投入使用后，空客立即发现市场上以瑞士航空和汉莎航空为代表的航空企业的另一种呼声——需要一种载客量更小、能够更高频次执行欧洲航线的客机，客座里程成本要更低。正是这些声音促成 A300 的缩小版 A310 的出现。这种飞机机身截面规格与 A300 相同，但机翼和起落架进行了重新设计，与 A300 具有最大的共性，为同线生产创造了条件。企业如此关注客户诉求，瑞士航空自然愿意支持，在 A310 项目启动当年——1978 年 3 月 15 日就向空客公司发出了第一张实单——10 架 A310，另有 10 架选择权；汉莎航空紧随其后，订购 10 架，总金额 2.4 亿美元。接着发来订单的是法国航空公司和西班牙伊比利亚航空，A310 的市场大门彻底开启。

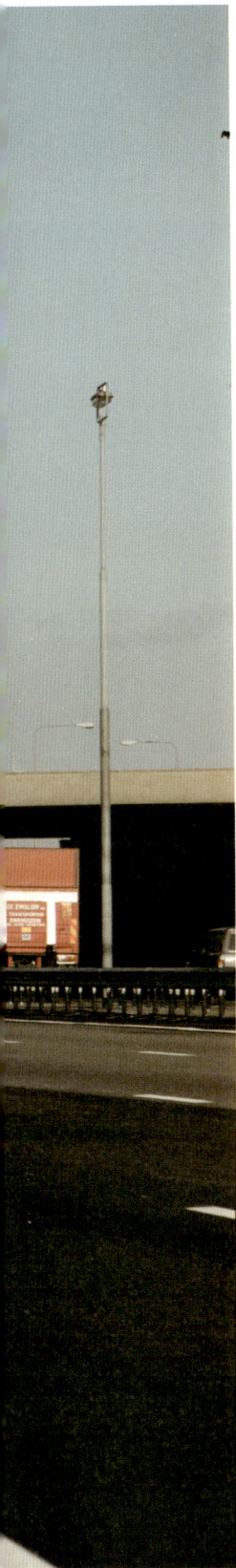

1986
南斯拉夫 DC-9

　　1986 年的某一天，荷兰阿姆斯特丹施基浦机场附近，有人拍下了这张照片：一架飞机通过高架桥穿越 RW4 号公路。这架飞机是地道的"美国制造"——道格拉斯公司招牌产品之一的 DC-9-32 喷气支线客机。机身上的 JAT 和 YUGOSLAV AIRLINES 字样，以及垂尾根部蓝白红三色横纹缀有五角星的旗帜，表明该机属于一个如今已不复存在的国家——南斯拉夫社会主义联邦共和国。拍下这张照片 6 年后，南斯拉夫境内的斯洛文尼亚、克罗地亚、波黑（波斯尼亚和黑塞哥维那）、马其顿相继宣布独立，南斯拉夫社会主义联邦共和国于 1992 年宣告解体。

　　DC-9 是一种双发单通道喷气支线客机，专为那些高频次短途客运设计，1965 年首飞成功。自投入市场以来，DC-9 系列取得了相当好的业绩，DC-9 以及由其发展而来的 MD-80/90 和波音 717（原 MD-95）陆续投产。至 2006 年最后一架波音 717 交付，DC-9 系列及其衍生型的生产跨度已达 41 年，总产量超过 2400 架。

1987
帝企鹅与"大力神"

一群帝企鹅游行般大摇大摆地行经一架美国海军 LC-130 "大力神"运输机。拍摄于 1987—1988 年，地点不用说，自然是北极熊永远到达不了的南极。准确一点儿，是美国南极麦克默多克科学考察站，这里是美国南极考察研究行动的物资转运站。

1980s
"斯塔西"突击图-134

　　这是一组拍摄于 1985—1989 年间的"斯塔西"档案照。"斯塔西"（Stasi）是外界对德意志民主共和国国家安全部（Ministerium für Staatssicherheit）的简称，成立于 1950 年的"斯塔西"被认为是当时世界上最有效率的情报和秘密警察机构之一。这张照片显示的是"斯塔西"特勤部队利用一架苏制图波列夫图 -134 民用客机作为模拟环境，开展反恐特战训练的场景。从照片上看，特勤队员先借助梯子从机翼后缘登上机翼，然后利用紧急逃生舱门实施突击。画面给人的感觉是，这次"突击行动"并不紧张，似乎假想环境是针对普通的劫机刑事案件，而不是近些年来预谋充分的恐怖行动。那名准备突入机舱的特勤队员手中的武器只是一支马卡洛夫半自动手枪，而且后面没有跟进的增援人员，以这样的武器对付舱内可能出现的多名恐怖分子实在难有胜算。正所谓环境决定需求，今天反恐特战部队使用的多为紧凑型自动武器，就是为了在突入客舱后能以短促火力实施精准射击，迅速歼灭恐怖分子。

1980s
紧急救援图-134

乍看上去，这组 20 世纪 80 年代后期拍摄的照片似乎记录了一次民用机场消防演练过程，但实际情况并不完全如此。这张照片的拍摄者是德意志民主共和国国家安全部，其内容并非单纯的消防演练，而是在练习航空反恐突击行动中一旦造成飞机起火甚至爆炸情况下，消防力量应如何迅速应对并展开救援。画面上，我们能看到东德消防员在利用一架苏制图-134 客机作为道具进行演习。从连续照片展现的现场情况看，这次演习的场景设计相当逼真，在火焰的强烈作用下，飞机的尾部甚至还发生了断裂解体。

1987
鲁斯特洞穿苏联铁壁空防

1987 年 5 月 28 日傍晚，一架涂有德国标志的赛斯纳 172 突然出现在莫斯科红场上空，稍做盘旋后就轻盈降落在莫斯科河大桥上，一路滑行到圣瓦西里大教堂跟前。驾驶飞机的是 19 岁的德国青年鲁斯特，他从芬兰赫尔辛基出发一路飞抵莫斯科，而苏联防空系统竟然没有做出及时反应。这在冷战时代的苏联引发轩然大波。这次事件就是历史上著名的鲁斯特事件。

5 月 28 日中午 12 时 21 分，鲁斯特从赫尔辛基起飞，以前往斯德哥尔摩的航向起飞，不久后即关闭雷达应答机，调转航向飞向苏联。在拉脱维亚斯克伦达附近，苏联防空雷达首次发现鲁斯特座机，当地 3 个防空导弹团进入警戒，然而鲁斯特保持 117 度航向的稳定飞行让地面指挥官很难决断。就这样鲁斯特飞过拉脱维亚和爱沙尼亚，进入内陆地区。不久苏联防空雷达再次发现鲁斯特，塔帕空军基地立即起飞两架截击机。其中一架截击机飞行员报告说，从云缝里看到一架小飞机，地面指挥据此认为这是没有威胁的飞机，也就没有要求抵近确认。此后，鲁斯特为了规避低云和结冰，下降了高度，苏联雷达失去目标。等到天气稍好鲁斯特再次爬升到 800 米时，雷达再度捕获目标。苏军再度派出两架米格 -23 进行拦截。这次，鲁斯特终于看到了苏联飞机：一架巨大的米格 -23 从左下方拉起改平，为了和赛斯纳保持并列，米格 -23 的可变后掠翼已经完全展开，座舱里的苏联飞行员正一脸严肃地注视着自己。

鲁斯特和苏联飞行员就这样相互注视了约有一分钟。

鲁斯特认为苏联人没有试图联系自己——后来他才知道苏联战斗机只能使用高频军用信道，与自己无法建立通信。最后，这架米格 -23 收起了襟翼和起落架，绕着鲁斯特飞了一大圈后远去了。

下午 3 时，鲁斯特进入一处苏联空军训练空域，当时有多架飞机在进行起降飞行训练。地面管制员发现空中有一架没有雷达应答信号的飞机，以为是哪个粗心的学员忘记了开启应答机，仍然没有起疑。下午 4 时，鲁斯特距莫斯科还有 370 千米。此时苏军雷达监测人员再次发现可疑目标，苏军又一次起飞两架战斗机，但指挥官认为高速截击机在低云环境中穿云下降十分危险，因此没有要求达成目视接触。

托尔若克以西 65 千米处，另一位雷达管制员发现了鲁斯特座机回波。事发凑巧，当时有两架苏联直升机在当地执行搜救任务，管制员把鲁斯特的座机误判成了一架直升机。就这样，鲁斯特进入了最为森严的莫斯科军区。而此时列宁格勒军区已经把跟踪"未开启雷达应答机的苏联飞机"的情况向莫斯科军区进行了通报。但报告并未提及此前多次发现可疑目标的事实，报告自然没有引起莫斯科军区的警觉，重重环绕莫斯科的诸多防空导弹阵地也就没有任何动作。下午 6 时，鲁斯特抵达莫斯科城郊。在全面禁飞区"白纸一般"的空域上，雷达管制员终于发现这是个重大问题，但一切为时已晚——鲁斯特已经看到了远处暗红城墙环绕的克里姆林宫。